MINISTERO PER I BENI E LE ATTIVITÀ CULTU
SOPRINTENDENZA PER I BENI ARCHITETTONICI E PER IL PAES

il Castello di Moncalieri

gli Appartamenti reali

a cura di Francesco Pernice

Celid

a cura di
Francesco Pernice

contributi di
Lino Malara
Carlo Novarino
Paolo Fabiano

Cesare Enrico Bertana
Claudio Bertolotto
Paolo Cornaglia
Francesco Pernice
Maria Grazia Vinardi

foto originali
Angelo Artuffo

progetto grafico
Bruno Scrascia

referenze fotografiche

Ministero per i Beni e le Attività Culturali - Istituto Centrale per il catalogo e la documentazione
(aut. 9397 D.A. /4a del 19.11.1996)

Archivio di Stato di Torino
(aut. 4816/IX.4.1 del 14.6.1996)
(aut. 9844/IX.2 del 13.12.1996)

Biblioteca Reale di Torino
(aut. 2240/GI del 16.12.1996)

Archivio Storico Città di Torino

Biblioteche Civiche e Raccolte Storiche di Torino

Archivio Storico del Comune di Moncalieri

Soprintendenza per i Beni Architettonici e per il Paesaggio del Piemonte

1a ristampa novembre 2003

CELID - via Cialdini 26, Torino
Soprintendenza per i Beni Architettonici e per il Paesaggio del Piemonte

ISBN 88-7661-271-8

Si ringraziano

Ministero per i Beni e le Attività Culturali - Istituto Centrale per il catalogo e la documentazione

Archivio di Stato di Torino

Biblioteca Reale di Torino

Archivio Storico Città di Torino

Biblioteche Civiche di Torino

Comando 1° Battaglione Carabinieri di Moncalieri

Comune di Moncalieri

Paola Caroli, Michela di Macco, Daniela Formento, Erica Gay, Lia Groppo, Luisa Morozzi, Cristina Mossetti, Maria Paola Niccoli, Elda Poli, Patrizia Picchi, Paola Rapone, Carla Enrica Spantigati, Rita Surgo, Alberto Vanelli

Si ringrazia il personale tutto della Soprintendenza per i Beni Architettonici e per il Paesaggio del Piemonte e della Soprintendenza per il Patrimonio Storico, Artistico e Demoetnoantropologico del Piemonte per la preziosa collaborazione fornita.

hanno contribuito ai lavori

Zoppoli e Pulcher S.p.A. - Torino

Ediltermica Iorio S.r.l. - Torino

CI.EL. di V. e D. Ciano S.n.c. - Nichelino (To)

Piovano Restauri - Moncalieri (To)

Progetto opere e direzioni lavori
Francesco Pernice

Rilievi grafici
Elena Buonfrate

Impianti elettrici
Girolamo Guerrisi

Responsabile sicurezza
Gianfranco Lo Cigno

Si ringrazia "La Vitruviana associazione - protezione civile monumenti" per il significativo contributo e la collaborazione fornita per le visite guidate agli Appartamenti reali

PRESENTAZIONE

Questa ricca guida è curata da Francesco Pernice quale pregevole contorno alla visita degli appartamenti di Maria Letizia e Vittorio Emanuele II che sono aperti al pubblico nell'ambito del vasto castello di Moncalieri dove ha sede il Battaglione dei Carabinieri "Piemonte". La guida rivela la complessa storia del castello, dalle origini tardomedievali fino agli allestimenti degli ultimi due secoli.
Moncalieri è la porta di Torino sulla via di Asti, come Rivoli lo è della via di Francia. Erto sulle pendici del colle, domina il passaggio sul Po, che in quel punto, dove la larghezza è modesta — ancora privo delle acque del Sangone e della Dora — si avvicina definitivamente alle colline per tenersi continuamente a oriente del capoluogo.
La visita del castello di Moncalieri è assai gradevole e interessante. Si coglie la collocazione strategica di questa che è fra le meno note residenze dei Savoia, ma che si inquadra nell'ordinato sistema di regge e palazzi che cingono Torino.
È desiderio della Soprintendenza favorire la visita, lo sviluppo e la salvaguardia dell'intero sistema monumentale e artistico attraverso ogni azione, dal restauro alla migliore offerta di servizi, capace di diffondere la conoscenza di tale fantastico itinerario storico-culturale.
La presente guida si aggiunge alla ormai cospicua varietà di pubblicazioni sulle Residenze, i loro appartamenti, parchi, giardini, serre, saloni, architetture sontuose e ne costituisce un completamento necessario.

Lino Malara
Soprintendente regionale
per i Beni e le Attività Culturali
per la Regione Piemonte

PREFAZIONE DEL COMANDANTE DEL 1° BATTAGLIONE "PIEMONTE"

Abitare una dimora affascinante e prestigiosa come il Castello di Moncalieri è un privilegio che i Carabinieri del 1° battaglione "Piemonte" ripagano non solo con le attente, continue — direi quasi affettuose — cure che dedicano allo storico immobile.
L'impegno più gravoso e, insieme, più stimolante è la creazione delle condizioni per cui le esigenze di funzionalità e di riservatezza di un reparto altamente operativo come questo, possano trovare soddisfazione insieme a quelle di mantenimento e recupero delle originali forme architettoniche del castello e di visita da parte di studiosi, appassionati o semplici turisti.
Non è frequente che Amministrazioni dello Stato così diverse tra loro, come i Beni Culturali e l'Arma, rinuncino al solito balletto di puntigli, precedenze e veti incrociati per coalizzarsi invece e rendere un servizio migliore ai cittadini ed al Paese.
Proprio questo (e dovrebbe essere la norma) accade in questo Castello, grazie, soprattutto, all'intelligenza, al pragmatismo, alla concretezza cui si ispira la permanente collaborazione tra la Soprintendenza per i Beni Ambientali ed Architettonici per il Piemonte ed il Comando del 1° Battaglione.
I risultati sono sotto gli occhi di tutti ed oggi, grazie a questa pubblicazione, potranno essere apprezzati ancor di più. Buon divertimento!

Ten. Colonnello
Paolo Fabiano
dicembre 1996

PREFAZIONE DEL SINDACO DI MONCALIERI

La storia e le vicende della nostra città sono indissolubilmente legate alle vicende del Castello: fin dal XIII secolo, allorquando gli abitanti di Testona si trasferirono sulla collina di Moncalieri per organizzarsi in un insediamento più difendibile ma, soprattutto, per emanciparsi da un sistema di tributi connesso alla proprietà terriera dei siti che andavano abbandonando, nasce il legame tra la città che sta sorgendo ed il suo Castello.
Tale legame si rafforza e si consolida nel tempo per le trasformazioni che interessano questo insieme in relazione al progressivo consolidamento nella nostra area della influenza dei Savoia ed alle successive fasi storiche che portarono alla costruzione dello stato italiano.
Sotto la spinta delle promozioni culturali ed artistiche di quest'ultimo periodo, soprattutto per volere di Carlo Alberto, il Castello e la città sono investiti da interventi che ne arricchiscono il ruolo e le funzioni: il primo è interessato da opere di ammodernamento e di abbellimento che ne determinano l'attuale fisionomia, la seconda vede sorgere al suo interno il Collegio che, affidato alle cure dei Padri Barnabiti, si caratterizza come centro educativo e formativo per lo stato sabaudo, vero e proprio centro di studi universitari.
I rapporti consolidati tra la città ed il suo Castello sono resi ancor più forti dalla nuova vita museale a cui quest'ultimo è chiamato grazie agli interventi di restauro realizzati dalla Soprintendenza per i Beni Ambientali e Architettonici del Piemonte.
E così il Castello, con la sua mole massiccia ed imponente che sovrasta fisicamente l'aggregato del nostro centro storico e ne segna fortemente il profilo, ritorna ad essere quella risorsa che contemporaneamente alimenta ed è alimentata dalla vita, dalle relazioni, dagli interessi culturali ed economici che si dipanano nella città che si distende ai suoi piedi.

Carlo Novarino
dicembre 1996

IL CASTELLO DI MONCALIERI

di **Francesco Pernice**

Il sistema dei castelli e dimore di casa Savoia nasce, alla metà del XVI secolo, dall'esigenza di difendere il territorio man mano conquistato intorno alle mura della città di Torino. Alcune residenze vengono quindi edificate ex-novo, altre vengono modificate e ampliate: quest'ultimo è il caso del castello di Moncalieri, le cui origini risalgono al XIII secolo. Il presente contributo si limiterà a fornire una breve panoramica delle vicende storiche che ha subito il castello nell'arco dei suoi quasi ottocento anni di vita, rimandando, per una descrizione più dettagliata delle trasformazioni nel corso dei secoli, al saggio in questo volume curato da Maria Grazia Vinardi.

Questo volumetto, che è nato dall'esigenza di fornire al pubblico una "guida" di facile consultazione per la visita al museo – costituito dagli appartamenti reali in consegna alla Soprintendenza per i Beni Ambientali e Architettonici del Piemonte, cioè l'appartamento della principessa Maria Letizia e quello del re Vittorio Emanuele II – contiene anche un saggio di Paolo Cornaglia, riguardante uno studio approfondito delle vicende che ha subito il gabinetto cinese (attualmente ubicato nell'appartamento della principessa Maria Letizia) e della sua provenienza dal castello di Venaria Reale.

Cesare Enrico Bertana presenta invece un saggio sui personaggi e sulla famiglia reale che ha vissuto e frequentato il castello, più in particolare i due appartamenti reali; mentre tocca a Claudio Bertolotto l'onere di descrivere gli arredi e le camere dei due appartamenti.

La descrizione dei lavori realizzati, le scelte prepositive del tipo di intervento, l'applicazione della normativa di sicurezza finalizzata all'apertura al pubblico degli appartamenti reali, rimasti chiusi per oltre un ventennio, è invece fornita dal sottoscritto, attuale direttore del castello.

Prospetto principale visto dal "giardino delle rose"con le due torri medievali

La posizione dominante del castello sul sottostante abitato e la retrostante collina boscosa ha reso il sito interessante sotto l'aspetto difensivo anche nel Medioevo, tale da realizzare una cinta muraria a difesa del borgo, tralasciando invece la costruzione di un sistema difensivo retrostante, fornito dalla natura stessa, data l'inaccessibilità della collina.
La fortificazione era costituita da una torre poligonale collegata a un castello di forma rettangolare con quattro torri circolari angolari, due delle quali ancora visibili in facciata, ma rivestite in mattoni; la terza torre è ubicata all'interno dell'appartamento di Maria Letizia al piano terra, mentre la quarta ed ultima, risalente alla seconda metà del Quattrocento e realizzata per volere di Jolanda di Valois, non è giunta fino a noi, ma era ubicata vicino all'attuale cappella.
A seguito di successive trasformazioni, l'edificio assume, nel XV secolo, l'aspetto di dimora ducale; anche la collina retrostante subisce alcune modifiche: da bosco e prato, utilizzato per la cacciagione e per il taglio di legname occorrente all'uso giornaliero del maniero medioevale, viene coltivata a frutteto e giardini.
Successivamente, Emanuele Filiberto usa il castello quale dimora saltuaria, mentre Carlo Emanuele I, nella seconda metà del Cinquecento, dà inizio ai lavori di ricostruzione e ampliamento dell'antico maniero, modificando il suo aspetto a dimora reale. I lavori continuano negli anni successivi per volere di Vittorio Amedeo I e di Cristina di Francia; proseguono poi con il figlio Carlo Emanuele II (1634-1675), dando luogo così, nell'arco di un sessantennio, all'attuale configurazione planimetrica.
Le opere di ammodernamento vengono affidate ad Amedeo di Castellamonte. Vi lavorano, poi, Andrea Costaguta, l'ingegnere civile e militare Carlo Morello e si sovrappone, spesso intersecandosi, l'apporto di vari architetti, i quali talvolta forniscono semplici pareri, talaltra curano l'esecuzione delle opere stesse. Parallelamente ai lavori realizzati al castello, si attua anche un recupero dell'intorno ambientale, soprattutto a monte del complesso, trasformando il bosco e i terreni circostanti in parco, mediante operazioni di spianamenti e costruzione di muri e la realizzazione di giardini e giochi di fontane.
A metà del 1700, il castello, sotto il regno di Carlo Emanuele III, è oggetto di numerosi interventi, coordinati da Benedetto Alfieri: inizia così una fase costante di abbellimenti fino al culmine, raggiunto nel 1775, grazie all'operato dell'architetto messinese Francesco Martinez, durante il regno di Vittorio Amedeo III.
Oltre alle notevoli modifiche sia interne sia esterne e ai giardini supe-

La terza torre medievale ubicata nell'appartamento della principessa Maria Letizia, prima e dopo la scoperta

riori, viene costruita, nel piazzale antistante il castello, ovvero l'attuale "giardino delle rose", la "carrozzera", modificando così l'aspetto prospettico del fronte principale.
L'arrivo delle truppe francesi apporta gravi danni al castello, che viene trasformato in quartier generale delle stesse e, successivamente, in ospedale militare e carcere.
Nel 1817, sotto la nuova reggenza di Vittorio Emanuele I, si iniziano opere di restauro ed abbellimento del complesso; le gallerie vengono arredate con grandi quadri raffiguranti le gesta dei regnanti. Successivamente, Carlo Alberto riammoderna gli appartamenti reali: gli interventi sono tuttora visibili nei locali affrescati e risalenti a tale periodo.
Durante gli anni del Risorgimento italiano, per volere di Vittorio Emanuele II, l'appartamento destinato a lui e alla regina Maria Adelaide è oggetto di lavori di risistemazione sotto la direzione di Domenico Ferri, che dà l'impronta di gusto eclettico tipico della seconda metà dell'Ottocento, cancellando quasi del tutto i ricordi dei secoli passati.
Il 20 novembre 1849 viene redatto nel castello il famoso "Proclama di Moncalieri", controfirmato da Massimo D'Azeglio, con cui il re scioglieva la Camera dei deputati e faceva approvare alla nuova Camera il trattato di pace con l'Austria.
I fabbricati laterali, a est e a ovest del castello, utilizzati quali alloggi per la servitù e rimesse per carrozze e cavalli, e la recinzione dell'area del complesso risalgono alla seconda metà dell'Ottocento. Allo stesso periodo sono da ascriversi le opere compiute a miglioramento del parco, cioè la "torre del Roccolo", il laghetto artificiale con le nuove essenze, l'ampliamento dell'esedra seicentesca, la ristrutturazione della "casa del vignolante", della stessa epoca; viene realizzata all'interno del cortile centrale una grande cisterna; si opera un nuovo arredo a verde del giardino e del parco piantumando nuove essenze: tali opere sono descritte e documentate dai "Testimoniali di Stato" a firma degli ingegneri Foglietti e Tonta e ubicati all'Archivio di Stato di Torino.
Il castello è stabilmente abitato, dalla seconda metà del secolo XIX, dalla principessa Maria Clotilde di Savoia e da sua figlia, la principessa Letizia, fino al 1926, anno della sua morte; quindi esso è dato in consegna alla scuola di reclutamento degli ufficiali del corpo d'armata di Torino. Nel 1948 il complesso passa al I Battaglione di allievi sottufficiali Carabinieri; ora è sede del I Battaglione Carabinieri "Piemonte".

La "torre del Roccolo" e il lago, ubicati nel parco del castello.

MONCALIERI "LUOGO DI DELIZIA"

di **Maria Grazia Vinardi**

Fatto principiare da Jolanda, Moglie del B[eato] Amedeo, Duca di Savoia, poscia proseguito da Madama Reale Cristina di Francia, Duchessa di Savoia, fabbrica riguardevole, e luogo di delizia de' Reali Sovrani, per la salubrità dell'aria, ed amenità del sito, distante non più di tre miglia da Torino.

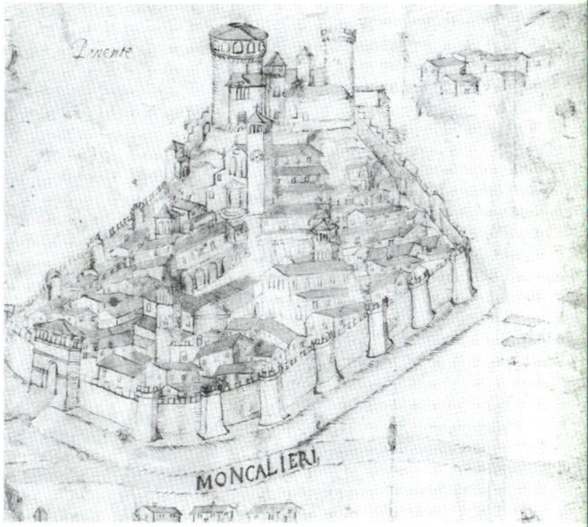

P.Bombarda*, Tippo del finaggio contenzioso tra Moncalieri e Truffarello..., *29 aprile 1596 (Archivio Storico del Comune di Moncalieri) Particolare

Giovan Battista Craveri nella *Guida* del 1753 cita il castello di Moncalieri privilegiandone l'impianto più antico. In realtà, le fasi edilizie che si sono stratificate sull'edificio a partire dall'assetto antecedente al Seicento sono documentate da fonti bibliografiche e archivistiche e da alcune architetture ancora oggi presenti.

Le prime notizie certe riguardanti la presenza di un insediamento nel luogo dove sorge attualmente il castello sono del 1277, relative alla costruzione di una torre e di una porta da parte di Tommaso III, grazie al denaro ottenuto dal signor Giorgio de Solari.

Le medesime fonti accennano alla presenza al suo interno di una cappella, detta di Sant' Eustachio. Dopo alterne vicende, determinate anche da contrasti interni tra il ramo principale e quelli cadetti, la cittadina di Moncalieri era stata ceduta da Amedeo V il Grande, conte di Savoia, al nipote Filippo, principe di Savoia Acaia (1278-1334). Il Castello rimase oltre un secolo a questo ramo sabaudo fino a quando, nel 1419, dopo la morte di Ludovico, ritornò definitivamente ai Savoia con Amedeo VIII il Pacifico (1383-1451).

Alla fine del XIV secolo esistevano due torri, una poligonale e l'altra quadrata o rotonda, collegate tra di loro da bastioni e successivamente, nella seconda metà del Quattrocento, l'impianto originale fu ampliato e ingrandito per volere di Jolanda di Valois (morta nel 1478), mo-

glie di Amedeo IX il Beato (1435-1472). La dimora ducale, fin dalle antiche epoche, fu gradita residenza ai principi sabaudi e tutti gli autori sono concordi nell'indicarla come sede di trattative diplomatiche: vi si stipulò, nel 1475, il "Trattato di Moncalieri" tra la duchessa Jolanda, il duca Carlo di Borgogna e Galeazzo Sforza, duca di Milano.
Nell'ultimo quarto del XV secolo vennero eseguite le vetrate, opera dei "vitrari" Giacomo di Michele e Giacomo di Amedeo Albini, pittori ducali già famosi nel 1458: ciò a dimostrare l'importanza della sede in anni in cui l'applicazione dei vetri alle finestre degli edifici civili costituiva ancora un segno di ricchezza e distinzione.
Durante le lotte tra l'imperatore Carlo V e Francesco I, re di Francia, che coinvolsero anche il ducato sabaudo, il castello cadde in rovina e per la sua posizione strategica fu occupato alternativamente da francesi e spagnoli, subendo saccheggi e distruzioni. Dal 1562 Emanuele Filiberto (1528-1580), detto Testa di Ferro, figlio di Carlo III, lo usò quale residenza saltuaria, ma ad oggi non sembra poter riconoscere parti architettoniche ascrivibili a questa fase.
Fu il duca Carlo Emanuele I (1562-1630) a dare inizio ai lavori di completamento e ricostruzione di quel complesso fortificato, documentato da una visione del Bombarda di fine Cinquecento, modificandone completamente l'aspetto su disegno di Carlo di Castellamonte, dopo aver acquistato nel 1610 alcuni fabbricati limitrofi. Gli interventi interessarono l'ampliamento degli edifici preesistenti e l'intorno ove vi era l'antica Cittadella, denominata Moncalleretto. Le fonti riportano ampliamenti effettuati nel 1612, 1616 e nel 1623; fra queste, indicazioni di pugno del duca prescrivevano la decorazione del salone e di alcune stanze vicine e proseguivano con la descrizione delle pitture per l'anticamera del castello. La volta della sala doveva presentare una decorazione con pergolati di vite, con finte colonne, e tra i rami e l'uva dovevano apparire personaggi nell'atto della vendemmia; sulle pareti in arconi venivano programmati i quattro elementi, la Terra rappresentata da Bacco, l'Acqua dal fiume Po, l'Aria da Aurora e il Fuoco da Venere, mentre nei paesaggi si sarebbero dovute dipingere le lavorazioni dell'olio di noce e d'oliva. Per un'altra stanza, Carlo Emanuele I aveva immaginato nella volta un pergolato di gelsi sui quali dovevano comparire bachi da seta e nelle pareti le quattro età: dell'oro, dell'argento, del rame e del ferro. Ancora, in un ambiente la volta doveva presentare tralci di fiori e frutti con le quattro stagioni. Nel 1614 agli affreschi della volta della galleria lavoravano Cristoforo Aliberti e Agostino Stucchi, mentre dal 1612 al 1614 Pompeo Secondiano e Vincenzo Conti si occupavano delle stanze. Nel

1616 venivano pagati il capo Mastro Andrea di Mondovì e il giardiniere Tommaso Mollo per opere a servizio del "cantiere" decorativo.
Più tardi i lavori di ampliamento continuarono per volere di Vittorio Amedeo I (1587-1637) e di Cristina di Francia (1606-1663), prima "Madama Reale", figlia di Enrico IV di Francia.
Il cantiere, che si avvia dal 1647, dopo la fase diretta da Carlo di Castellamonte, ha un lungo periodo di realizzazione e si conclude con l'allestimento degli appartamenti reali, cancellando e inglobando la struttura precedente.

Particolarmente interessanti sono i rapporti tra committenza e progettista, e tra questi e i criteri compositivi, dettati nella maggiore parte dei casi da filosofi e letterati. La dipendenza ideologica del padre Costaguta da Filippo d'Agliè e di Amedeo di Castellamonte da Emanuele Tesauro diviene sostanziale nell'attività edilizia sabauda volta a celebrare le imprese del duca e delle Madame Reali reggenti.
Lo stesso padre Costaguta ci relaziona sulle realizzazioni di Cristina di Francia quale fondatrice del Convento e Chiesa di S. Francesco da Paola, della cappella di S. Salvario, di una cappella alla Madonna degli Angeli, dell'altar maggiore per i Padri di San Carlo e della Chiesa dei Carmelitani Scalzi. Il padre Costaguta, architetto per vocazione, realizza i disegni e dirige i cantieri. Sono gli anni della conclusione della fabbrica del Valentino e della costruzione della vigna di Madama Reale, del castello di Rivoli, dell'avvio dei progetti per i castelli di Racconigi e d'Agliè e del convento e chiesa di Santa Teresa.
Il cantiere della seconda metà del Seicento, guidato da Amedeo di Castellamonte, rispecchia pienamente l'evolversi di una prassi generalizzata e ripropone elementi compositivi coevi, maturati attraverso l'intrecciarsi e il sovrapporsi di varie competenze nella realizzazione delle fabbriche. Si affermò sicuramente la formazione culturale degli architetti regi nell'ambito dell'Accademia di San Luca a Roma e l'attenzione della Corte ai nuovi indirizzi di gusto.

I padiglioni a ponente e il giardino

Possediamo molte lettere del padre carmelitano a Cristina di Francia, in cui si documentano le attività edilizie a Moncalieri, alla vigna di Madama Reale, alla chiesa e al convento di Santa Teresa. Il rapporto tra Costaguta e la sua illustre committente è di completa obbedienza nelle scelte e sin dal 1648 il padre mantiene contatti con Filippo d'A-

gliè, che risulta il suo secondo interlocutore privilegiato. I primi conti del 1646 riguardano la riedificazione del castello di Moncalieri e un album manoscritto del 1648 sul castello, firmato da Carlo Morello, testimonia la compresenza di più professionisti per la realizzazione di questa architettura. In questa fase si attuarono anche lavori di decorazione interna ad opera di Francesco Fea e del fratello nelle volte dell'anticamera, della camera da parata e in altri ambienti.
La realizzazione del castello viene pagata in parte dalla stessa comunità di Moncalieri e una voce rilevante riguarda le opere di spianamento al giardino e quelle per elevare il muraglione che separi dal bosco; infine si devono fare gli intonaci dei solai e le pavimentazioni per rendere abitabile il castello. Il 10 giugno 1650 Costaguta riporta la volontà della reggente di costruire un edificio «serrato» con «stanze» senza portici. Dal 18 al 20 luglio è presente per due giorni a Moncalieri: per assistere all'esecuzione dell'alcova nella camera della duchessa (dubitando della resistenza delle volte) e all'eliminazione del risalto che faceva la torre nella camera. Il 18 giugno 1651 il Costaguta scrive a Madama Reale: « [...] è venuto il stuccatore da moncaliero il quale» sta «finendo la Cappella del Castello e mi dice se l'arma che si fa dentro di detta Cappella, habbia da essere quella di V.A.R. o pure unita insieme a quella di V.A.R. e quella di S.A.R., et se facendo questa unita vi andava il cordone. Parimenti è stato da me il Capo mastro qual fabbrica della muraglia del bosco che riguarda verso li Cappuccini dicendomi che V.A.R. desidera che si levi mano a questa, e si faccia quella che riguarda il Po, io ho risposto che continui pur quella che riguarda i Cappuccini, perché l'inverno che verrà si possa mettervi la terra che manca e si possa formare il piano, et così bisogna che la muraglia sia fatta presto perché possa far presa, [...] ».
Il 31 gennaio 1652 il padre deve «mostrare alli Sig. Ambasciatori delli Cantoni» i disegni di Moncalieri e della Vigna. La missiva riferisce anche della realizzazione del condotto delle fontane affinché le acque non portino «rovina al castello».
La corrispondenza e i continui richiami, sia circa la sequenzialità delle opere sia circa la scelta dei materiali, indicano il ruolo preminente del conte Filippo d'Agliè nella realizzazione delle fabbriche, tanto che il 26 febbraio 1652, conformemente alle idee del conte Filippo, si decide che è meglio proseguire la fabbrica dal lato dell'appartamento della signora Principessa, convogliare le acque della fonte e piantare gli alberi nel bosco e nei due quadri di mezzo, formando anche i viali. Ciò anche in relazione alla manifestata volontà di Cristina di andare a sta-

re a Moncalieri. In tal caso sarebbe stato necessario piantare alberi di «cetroni e li suoi vasi di legno», e alberi da frutta per fare «un puoco di verdura et hauervi i fiori». Ancora il 13 agosto 1652 si relaziona sulla «rovina» del bastione o sia «piatta forma», che era già stato puntellato, ma che minacciava di «guastare» le fondazioni della nuova fabbrica e si suggerisce la sua demolizione.

Ma improvvisamente il padre Costaguta cade in disgrazia, e per motivi tuttora non abbastanza chiari nel 1653 è allontanato dalla capitale.

Negli anni in cui è stato soprintendente ai lavori si è impostato il disegno del giardino e del bosco e sono stati realizzati gli appartamenti di Madama Reale: una camera da parata, una camera grande, la camera dell'alcova, il gabinetto e la cappella (si parla espressamente di "appartamento vecchio" e di quello "nuovo" realizzato verso ovest). Le architetture sono ancora riferibili a modelli tardo-manieristi vivificati maggiormente dal disegno del giardino piuttosto che dalle costruzioni, condizionate dalla preesistenza.

Il cantiere di Amedeo di Castellamonte

Nel 1652 Amedeo di Castellamonte presenzia alla misura per il completamento dei progetti del Costaguta, in cui si computa la muratura della facciata verso Moncalieri per tutti e quattro i livelli. Sono indicati gli scavi per le fondazioni verso il giardino, verso la torre della scala della cucina, nella piazzetta verso il giardino «ove si gioca al ballone». I lavori comprendono: il cornicione verso Moncalieri, gli architravi intorno alle stanze, il fornello per la pasticceria, i lavori generali per allestire la cucina e la scaletta, la scala di legno per la camera del conte Filippo d'Agliè. Nella stanza del marchese di Pianezza «attinente al Salone dove si fa il corpo di guardia», si realizza un passaggio e un camino; in un altro andito che divide la stanza del marchese da quella del conte Tana si aprono delle porte. Si aggiustano anche la camera in fondo alla galleria, quella «ultima di S.A.R. attinente alla scaletta», quella verso il giardino, la «Guardaroba di M.R.», la «Camera Soprana» verso il salone a mezzanotte, la camera delle dame verso il giardino. Nel 1654 sono registrati i lavori di completamento della fabbrica, «[...] et fabricheranno insieme il paviglione verso levante dove hora si demolisce la vecchia Torre».

La misura delle opere, controfirmata da Castellamonte, è del primo aprile 1655 e nel computo dei lavori ad estimo al primo piano viene indicata esplicitamente una variazione di disegno; si opera anche al piano nobile e si allestiscono in pietra i quattro rami della scaletta e della scala grande. Nel 1656 vengono realizzati il padiglione verso Testona, il rifacimento del tetto della fabbrica vecchia e lavori per l'allargamento del giardino. Viene pagato il piccapietre Flaminio Solaro in acconto per la scala grande e nel giardino si piantano i bossi. Il 19 novembre 1657 sono documentati i lavori di completamento verso Testona e i riporti di terra attinente al padiglione verso i Cappuccini. La prima serie di opere riguarda gli intonaci, i solai a profilo e i pavimenti di mattoni e quadrettoni. Si tratta anche del livellamento in piano di fronte alle torri, al padiglione, e ai «due quadri» del giardino adiacente al muraglione del bosco. Si paga Buzzo per sessantacinque scalini di pietra di Chianocco per la scala del padiglione e per quattro basi e capitelli per la «scala grande» e per quest'ultima viene anche dato un acconto ad Ausilio Solaro e Domenico Aprile.

Gio. Michele Baijs e Gio. Antonio Leonardi nuovi impresari e il progetto delle "Gallerie"

Dal 1661 Gio. Michele Baijs e Gio. Antonio Leonardi sono i «Moderni Impresarij della Fabbrica»; i lavori che devono realizzare consistono nell'esecuzione dei muri che «compongono il Teatro della piazza verso il Castello», della galleria verso i Cappuccini e del padiglione verso la città e il Po.

Il «disegno» della galleria viene variato e quindi le murature iniziate vengono disfatte e rifatte; inoltre si stabilisce l'abbassamento della quota del piano del bosco con il suo ingrandimento realizzando anche due pozzi, uno nel «camerone» del nuovo padiglione e uno nel cortiletto del padiglione verso il Po e la città. Da questo momento si occupa dell'allestimento del giardino il giardiniere Vignon mettendo a dimora centoquarantatre piante di olmi e carpini, piante di «martello», spalliere di alberi da frutta attorno al giardino e la vigna. Vengono anche provvisti gli arredi della cappella: infatti, all'intagliatore Cesare Neurone viene saldato il conto per quattro candelieri, una croce e due tavolette, una per il «Sacrum Convivium et l'altra per l'Angel di S. Giovanni di bosco intagliati [...] ».

La costruzione di una piccola galleria a mezzogiorno «prolungata alla grande Galleria verso il Convento dei Cappuccini» e delle murature del padiglione verso il Po si avvia nel 1663. Si rifanno i cornicioni e i tetti e viene pagato il "fontanaro" Bridel, che negli stessi anni lavora all'allestimento delle fontane a Venaria.

La misura di Borrione del dicembre del 1663 specifica che la piccola galleria è a fianco del padiglione nuovo, sono computate le volte e i camini sopra le coperture rifatte. Il cantiere prosegue ininterrottamente nel 1664 con interventi al padiglione verso la città e verso il Po. Nel febbraio 1665 è documentata la galleria verso i Cappuccini, vengono inoltre rilevati i solai a "profilo" delle stanze del padiglione (due piani) verso il Po, i pavimenti a quadrettoni negli sfondati delle finestre, le murature della galleria verso Testona sino al piano del giardino, quelle del padiglione del bosco e quelle del corridoio per andare agli uffici. Nel 1666 proseguono i lavori alla galleria verso Testona e al padiglione verso il bosco; in particolare si costruisce la volta al pianterreno.

I cantieri tra il 1668 e il 1683

Il Consiglio delle Fabbriche e Fortificazioni delibera il 5 settembre 1668 per i susseguenti sette anni la continuazione delle gallerie e dei padiglioni verso i Cappuccini, dell'«altro in mezzo ad essa», dei due padiglioni e della galleria verso il Po.
L'appalto viene dato a Melchior Spetie ma la metà del costo dell'edificazione è ancora a carico dei vecchi impresari, a seguito di un contenzioso conclusosi il 28 aprile 1670. Nel conto per gli anni tra il 1669 e il 1672 si parla di opere in muratura, del cornicione a modiglioni rustico, della copertura del padiglione verso il bosco e il convento dei Cappuccini, del condotto con pavimentazione in mattoni a coltello che sbocca «verso la porta della Città», degli scavi di tufo e ghiaia per realizzare la galleria e il padiglione verso il bosco e il Po. Viene citata indirettamente la «visita giudicale» circa la causa riguardante la galleria verso i Cappuccini, e vengono riferiti sondaggi e opere di puntellamento. Tali lavori si affiancano a quelli delle manutenzioni in occasione della presenza della corte: la lista delle opere è del 3 dicembre 1672 e la misura è vidimata il 19 dicembre 1673 da Eusebio Mosso. Il 16 giugno 1673 vengono deliberati i lavori alla galleria tra la «Torre e Padiglione verso Mezzodì ed il Po»: stucchi, porte, pitture, «Chiassili di Noce». L'istruzione di Castellamonte prescrive la decorazione in stucco con una cornice a gola, i putti, le cornici intorno ai «quadri», indicando una tecnica «gagliarda» con la sufficiente polvere di marmo.Segue il conto dei capimastri Donato Solista e Gio. Batta Piscina e compagni per i gradini della scala che sale al giardino, di palchetti nella «camera cubicolare» secondo l'istruzione dell'anno prima del conte di Monthoux.

Si segnala anche la realizzazione del padiglione verso ponente. L'esecuzione dei lavori è, però, sospesa in attesa dell'arrivo del conte Amedeo di Castellamonte e per motivi di carattere statico. Infatti il 25 maggio del 1683 egli, constatando «crepature diffuse» determinate dalla cattiva esecuzione delle murature, stabilisce la demolizione del padiglione verso il Po al di sopra della camera da letto di Madama Reale.
Si ordina l'eliminazione delle murature dell'ultimo piano che vengono nuovamente realizzate nel luglio del 1683 dagli impresari Piscina e Solista. L'ingegner Morello firma la lista delle riparazioni che interessano la scala grande e la volta a listelli del gabinetto di Madama Reale con il suo palchetto. I mastri da bosco Clerico e Giulio Bertolla eseguono coperture e solai del padiglione verso il Po seguendo gli ordini dell'ingegnere Baroncello. Si eseguono poi numerose opere al gabinetto nel padiglione verso il Po, con pitture e dorature secondo l'istruzione del Lanfranchi. Nel conto del 1684 sono segnalati i lavori alle scuderie (colonne, anelli e "gruppie") e alla galleria verso il Po. Viene anche riedificata la scala del padiglione verso i Cappuccini. Opere di decoro sono attuate negli appartamenti ducali: ad esse attendono Catella (nel gabinetto di M.R.), Francesco Borello scultore e Negrone indoratore. Gio. Batta Baudino esegue nel 1685 le «vetriate e le graticelle di filo di ottone» e Mosso misura tutte le «vetriate vecchie». Nello stesso anno sono retribuiti Luigi Vanier per il quadro della volta della camera cubicolare di Madama Reale raffigurante la dea Pandora e Giuseppe Catella per le pitture negli sguanci delle finestre e per il «Lambrigio del Gabinetto di Madama Reale». Contemporaneamente si sistemano le canalizzazioni delle acque piovane e si eseguono lavori minuti nella galleria verso il Po e nella camera attigua a quella della Duchessa (fornello con marmi di Bergamo e di Gassino). Infine Gio. Batta Grattapaglia è saldato per «due Horologgi da sole» collocati sui muri delle due grandi Gallerie «nelle faccie verso il Giardino» (oggi non più esistenti). Nel 1686 si interviene al piano nobile del padiglione verso Testona, realizzando un solaio per poi ancorarvi una volta a listelli. Con il 1687 si concludono i pagamenti della scaletta del padiglione verso Testona e le opere di "minuseria".

Responsabile e ideologo indiscusso dell'architettura sabauda di metà Seicento, fino al settembre 1683, è Amedeo di Castellamonte. La sua polivalente attività trova applicazione in fabbriche a carattere militare, civile e religioso, completando l'immagine dello Stato e della capitale. In particolare per le residenze, egli ne è sia l'anima sia il concreto esecutore; si pensi alle sostanziali realizzazioni al castello di Rivoli, al Valentino, al castello di Agliè (attribuzione), a Moncalieri e a Venaria Reale.

Lo Stato trova in Amedeo di Castellamonte l'interprete dell'ideologia della "magnificenza" e del "decoro" che si esprimono attraverso le architetture. Agliè, Rivoli e Moncalieri sono accomunate da elementi uniformi; ad esempio: padiglioni e gallerie che, distribuite specularmente rispetto all'asse principale dell'impianto, rendono simmetriche le fabbriche. Nel caso di Moncalieri e di Agliè le gallerie contribuiscono alla definizione dello spazio interno e, nello specifico del nostro castello, la corte in affaccio verso il bosco rimane aperta, quasi a confermare la mediazione con il giardino e il paesaggio. Il prospetto verso il borgo sottostante, filtrato dal rondò, nella sua imponenza e severità, può essere interpretato come metafora della solidità dello Stato.

A partire dal 1655 Amedeo di Castellamonte svolge il ruolo di realizzatore attento delle fabbriche già avviate (Rivoli, Valentino e la vigna di Madama Reale), di ideatore ex novo (Venaria Reale) e di progettista di sostanziali completamenti (Agliè e Moncalieri). I suoi progetti si attuano in ogni loro apparato: architetture del costruito, giardino e decorazioni.

A lui si deve l'estensione del concetto di "delizia", applicata anche al giardino, che propone a Moncalieri la definizione degli «arte fatti piani» come progressiva acquisizione del naturale del bosco all'opera dell' "arte" determinata da molteplici volontà: la committenza (il duca e/o la reggente), l'ideologo o filosofo e il progettista. L'aggiornamento tecnico e quello funzionale del procedere del cantiere con tutte le sue componenti (ingegneri, misuratori, mastri) sono caratterizzanti l'organizzazione del complesso. I muri di sostegno e la canalizzazione delle "fontane" e delle acque (abbondanti) dei giardini e del parco rappresentano problemi di non facile soluzione per garantire la stabilità della fabbrica, di là dal perseguito ridisegno dei siti.

Nell'esecuzione dell'architettura del verde si affianca a Castellamonte Vignon, "soprastante" ai giardini, e l'opera indispensabile dei "fontanieri". Questi spazi, peculiari all'edificio, trovano riscontro nei modelli proposti già un secolo prima, ma con l'acquisizione di tutti quegli elementi già utilizzati nella realizzazione delle altre «delitie». La corte interna risulta caratterizzata da *parterres* simmetricamente distribuiti ai lati dell'asse principale e la scala tra il giardino e il bosco diviene mediazione tra il castello e la collina; infine il bosco viene «piantato a disegno» rappresentando l'ultimo filtro al paesaggio naturale.

Là dove la collina di Torino, molto celebrata per le numerose ville e per la fecondità delle vigne, finisce nella pianura, si eleva l'antica fortezza dei duchi di Savoia che ricevette il nome dalla sottostante città di Moncalieri, distante da Torino circa tre miglia. La comodità del luogo vicino alla capitale e la mitezza del clima attrassero la regale attenzione di Cristina di Francia, duchessa di Savoia, la quale, là dove apparivano solo i resti di un'antica fortezza, volle sorgesse un luogo di delizie per suo figlio Carlo Emanuele e monumento degno della sua magnificenza.

Alla vista del visitatore in un primo momento si offre una ricca fontana, che sgorga dalla base di una piramide e si raccoglie in un bacino, donde l'acqua confluita in conchiglie sorrette da una moltitudine di divinità marine che emergono dalle onde, è da essa riversata tutto attorno per irrorare i teneri fiori del giardino sottostante.

Di quì, per due scaloni laterali si sale con facilità ad un primo piazzale, tutto circondato da balaustrate di marmo, sul quale si innalza il Castello nella forma che sto per descrivere.

Si tratta di una imponente costruzione quadrata, aperta a settentrione su giardini e boschi, che segue con tutte le sue finestre il corso del sole. Lo riceve al suo sorgere dal lungo braccio orientale, in cui, come sull'opposto lato occidentale, le camere sono disposte in modo tale che, con un solo colpo d'occhio, vistane una, si intuisce la posizione di tutte le altre. Da qui, cioè verso oriente, si gode una magnifica veduta sulla pianura sottostante, e lo sfondo dei monti che la chiudono lontano non guasta affatto. Anche a occidente si ammira il bellissimo panorama della regione, qui meno ampio e più limitato dai monti, tuttavia tale da poter godere intensamente della varietà di campi, di colli, di boschi e del lento scorrere del Po tra le sue rive placide e sabbiose. Né minore attenzione merita la facciata del Castello, che si protende verso mezzogiorno poggiando su di un lungo allineamento di sottocostruzioni. Caratterizzano questa facciata due torri che si elevano agli angoli e sono poco più alte del resto del fabbricato. Anche qui, sebbene tra loro un po' più discoste, le camere sono simmetriche e si susseguono l'una all'altra; i loro soffitti sono impreziositi da cassettoni, o scolpiti con cura e dorati, oppure dipinti.

Da questa parte il palazzo reale domina la città di Moncalieri e la pianura vastissima, alla quale aggiungono grande attrattiva la massa scura dei boschi, in cui si possono cacciare numerosi animali di varia

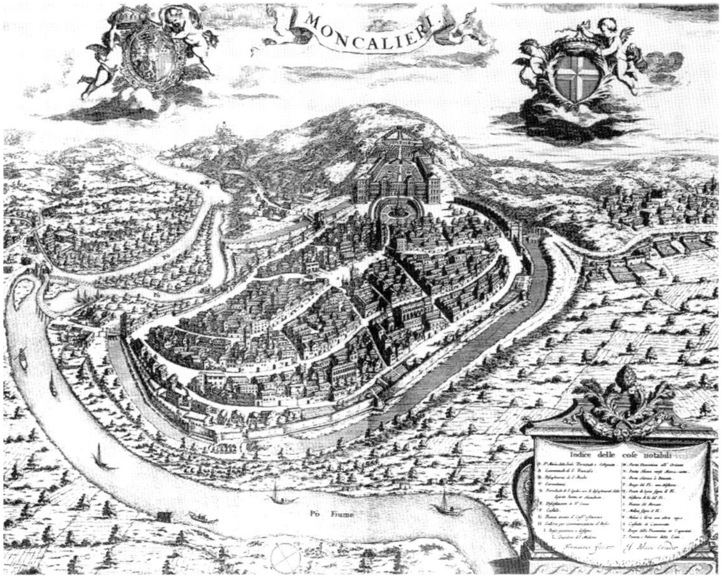

Moncalieri,
incisione su disegno di S. Formento, 1661-1662,
***in* Theatrum Sabaudiae,**
Amsterdam 1682

specie, e la vista di castelli e paesi, e le anse del Po che sgorga dal Monviso. Queste sono le cose che si vedono all'esterno; anche all'interno del Castello però gli occhi, dovunque si volgano, godono di altrettante bellezze ideate dall'arte desiderosa di imitare la natura.

Ecco, anche qui, aprirsi uno spazio pianeggiante, non quale fu creato dalla natura, ma come venne trasformato dal lavoro operoso e dall'ingegnosità dell'uomo, che, spianate le sporgenze della collina, scavato il terreno, trasportatone altro con grandi spese, aprì un ameno giardino, in cui splendide fontane si riversano mormorando in una vasca di marmo con piacevoli giochi d'acqua.
Indi, dove più ripido s'innalza il terreno, per mezzo di gradini di marmo si sale in un boschetto, che si potrebbe chiamare pensile, tanto massicci sono i sostegni di mattoni eretti per trattenere la terra che minacciava di franare e sostenerne il peso. Ai bordi del boschetto, cinto da una balaustra di marmo ornata di statue, il terreno è stato livellato per ottenere un passeggio allo scoperto che porta fino al belvedere innalzato sul fondo.
Si addentrano nel bosco, assai utile per combatter la calura, altri sentieri ombreggiati; gli alberi infatti sono stati piantati a bella posta in modo che, espandendo la loro chioma e intrecciando i rami, formino ombrosi pergolati.

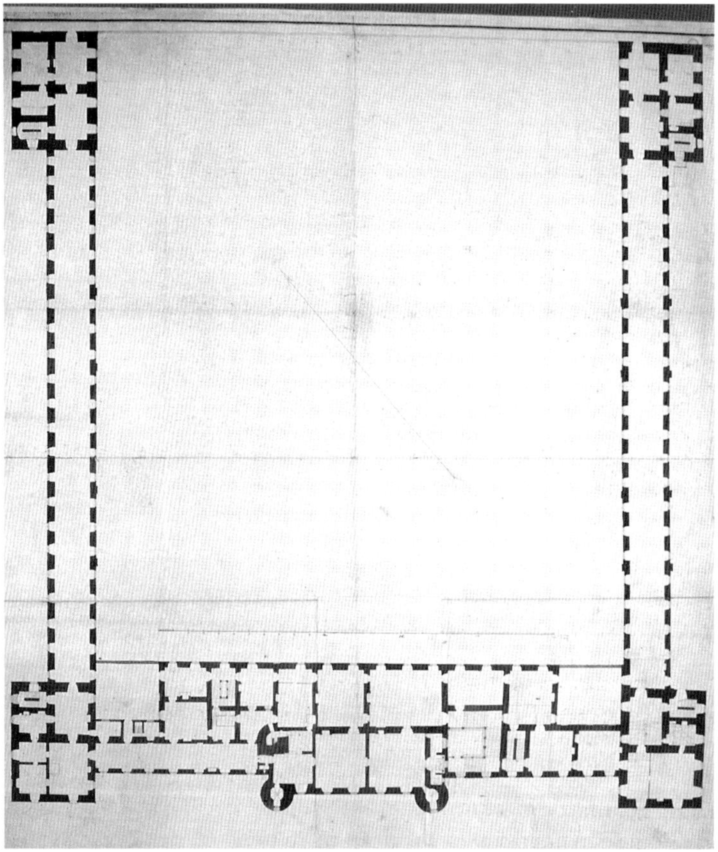

Pianta del primo piano, s.f., s.d. (ma fine del 1770) s.s. (Torino , Archivio di Stato, **Palazzi Reali,** *m. 4)*

Nella bella descrizione del *Theatrum Sabaudiae* il giardino è esaltato per l'opera dei progettisti (committenza e architetti) e per la sua ingegnosità. Le fontane, la scala verso il bosco e lo stesso livellamento agli estremi della spianata superiore, con una passeggiata attraverso ombrosi pergolati, esprimono l'attento progetto volto alla nobilitazione del territorio. L'incisione raffigura il castello verso il borgo, con il grande "teatro" che circonda la fontana.
Il disegno per il *Theatrum Sabaudiae,* realizzato tra il 1661 e il 1662, confrontato con le fonti coeve di costruzione del complesso, indica l'utilizzo del nuovo progetto castellamontiano del 1660 e la sua trascrizione attenta quale supporto per la futura incisione. Anche le due torrette sono rappresentate come rettangolari, prefigurando ciò che in realtà non fu poi attuato.

Ignazio Sclopis del Borgo, Veduta del giardino del Castello di Moncalieri, *1774*

Manutenzioni e arredi tra il 1700 e il 1765

Gli interventi dalla metà del Seicento, che durarono circa trent'anni, le trasformazioni di fine Settecento e di primo Ottocento, e ancora quelle successive, testimoniano per ciascuna epoca sia le volontà dei committenti sia le prassi operative rigidamente regolamentate dei progettisti.
Protagonisti della fervida attività edilizia della prima metà del Settecento furono Michelangelo Garove e Filippo Juvarra, ma la loro progettazione non coinvolge il castello di Moncalieri, oramai definito nelle sue architetture e nei suoi giardini. Il cantiere viene solamente interessato da una serie continua di manutenzioni e da consolidamenti. Le opere e le istruzioni sono in gran parte vidimate da Antonio Maria Lampo, da Benedetto Feroggio e da Giacinto Bajis, in subordine ai "Primi architetti Regi" anche in altri cantieri.
Solo nel 1711 a Moncalieri si eseguono alcuni consolidamenti nella galleria, controllati da Michelangelo Garove, attivo in quegli anni anche a Venaria e Rivoli.
Dieci anni dopo si segnalano lavori di manutenzione sia al Valentino sia a Moncalieri: in particolare in quest'ultimo l'esecuzione di rappezzi in marmo e la messa in opera di «Canali e cannoni di Tola». Ancora nel 1731 si realizzano nuove murature alla cinta e ai terrazzi sui due avancorpi verso il borgo con istruzione di Filippo Juvarra. Antonio Maria Lampo nel 1736 controlla l'eliminazione di alcuni pavimenti in «quadretti» di cotto, sostituiti con palchetti. Gli anni fino al 1730 furono densi di avvenimenti per il castello: esso fu la sede pre-

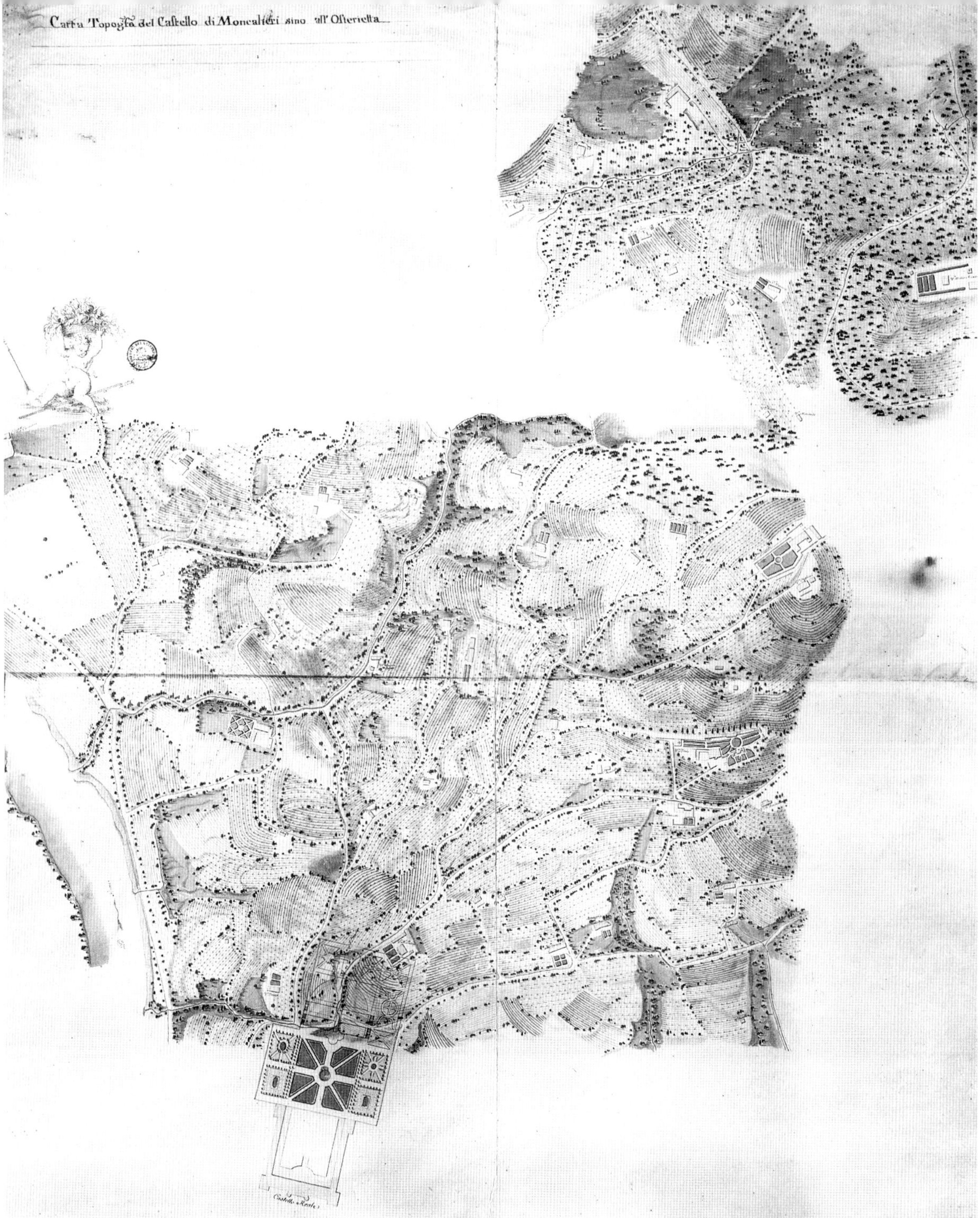
Carta Topogfa del Castello di Moncalieri sino all' Osterietta
Castello Reale

ferita da Vittorio Amedeo II (1666-1732), che vi morì, dopo aver abdicato in favore del figlio Carlo Emanuele III (1701-1773), il quale tenne prigioniero il padre insieme alla seconda moglie, la marchesa di Spigno, dopo il tentativo da parte dello stesso di riprendere il trono.
Nel periodo che va dal 1752 al 1761, durante il regno di Carlo Emanuele III, il castello di Moncalieri fu oggetto di numerosi interventi, sotto la supervisione di Benedetto Alfieri e con Michel Benard come "sovrastante ai giardini". In questi anni al castello si eseguono in prevalenza allestimenti di alcune stanze e manutenzioni. Infatti dal 1751 vengono rifatte «serraglie e chiassili», viene innalzato il muro del «Padiglione tra Ponente e Mezzogiorno», si attende al ripristino di travi guaste e alla messa in opera di solai e pavimenti. La zona tra il padiglione sud e quello ovest viene suddivisa in camere. Nel 1761 le scale del padiglione sud e di quello ovest sono ricostruite e tra il 1764 e il 1765 si realizzano sottomurazioni del muraglione a levante del giardino e la «Ristaurazione della facciata a mezzogiorno», rifacendo il «cordone alla sommità del muro e la messa in opera di lose». I muri di contenimento sono ripristinati in concomitanza alla costruzione della strada, ubicata lungo il muraglione sino ad intersecare quella di San Sebastiano.

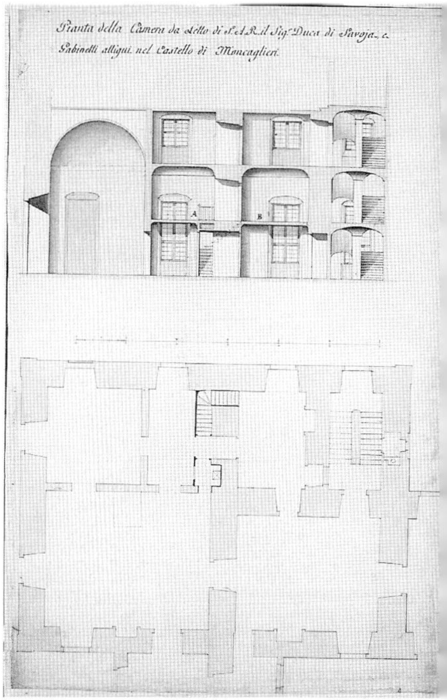

Pianta della Camera da Letto di S.A.R. il Signor Duca di Savoia e Gabinetti attigui nel Castello di Moncaglieri ***(src!), s.f., s.d. (ma 1770), 1.s. (Torino , Archivio di Stato,*** **Palazzi Reali,** ***m. 4)***

A sinistra, **Carta topografica del Castello di Moncalieri sino all'Osterietta,** ***s.f., s.d., s.s. (Torino , Archivio di Stato,*** **Carte Topografiche per A e B,** ***n. 1)***

L'appartamento del Principe e della Principessa di Piemonte e il giardino

La data precisa del progetto dell'ampliamento del parco del castello di Moncalieri non è conosciuta, ma la sua espansione verso la collina era già stata predisposta in precedenza con le opere di sostegno.
Nel 1765 sono segnalati lavori al giardino secondo un nuovo disegno, che prevede la costruzione di un ampio muraglione con speroni e arcate sia verso il «grande giardino basso» sia verso la vigna «recentemente acquistata dal Sig. Marchese Alfieri di San Martino». Il misuratore Baijs nell'aprile dello stesso anno ricorda che il nuovo giardino è realizzato su progetto di Michel Benard, con vasti *parterres* simmetrici, delimitati da padiglioni di verzura e con un'ampia aiuola quadrata scompartita diagonalmente da percorsi, e nel mezzo la fontana.
Dopo un sopralluogo al castello di Moncalieri si decide infatti di sospendere le riparazioni e costruire delle «muraglie e delle volte per lo scalone dal medesimo progettato in salita [...] da servire anche da incontro del terrapieno». Gio. Battista Revelli lascia nel 1770 l'istruzione per gli spianamenti del giardino con la creazione della terza ter-

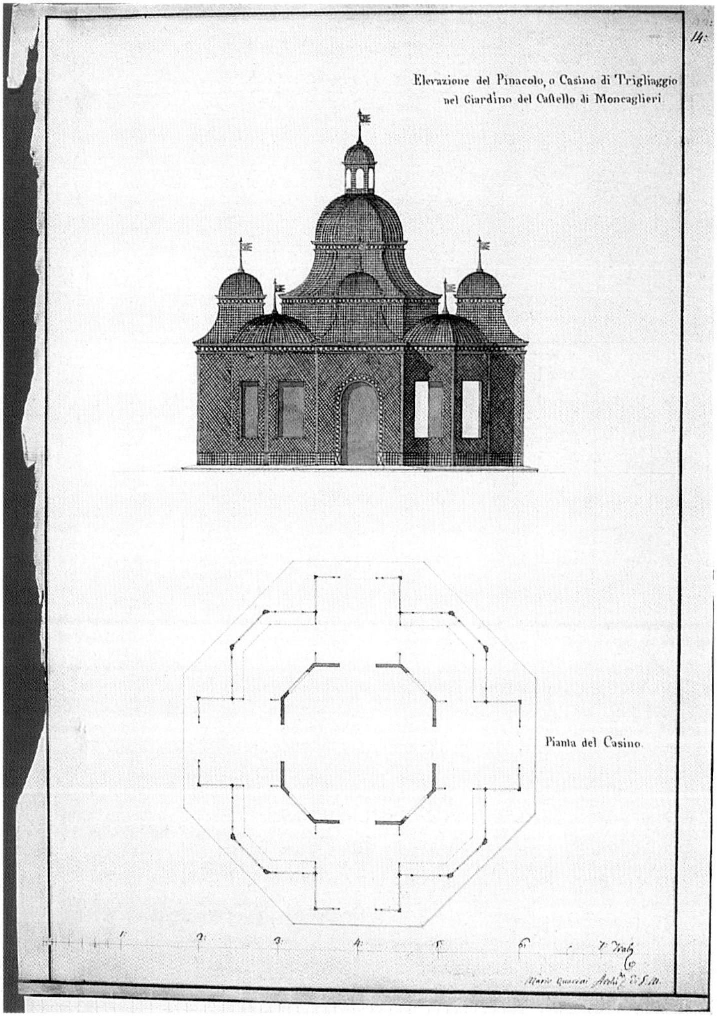

M.L. Quarini, Elevazione del Pinacolo, o Casino di Trigliaggio nel Giardino del Castello di Moncaglieri, *s.d. (ma 1775 circa), scala trabucchi 7 (Archivio Storico della Città di Torino , Collezione Simeom D. 1491)*

razza realizzando le «Venti Arcate e tre pinnacoli di Ferro» della «Galleria Verde» verso levante, completando così i lavori già attuati nel 1769 verso ponente.

La sistemazione del parco si inserisce nel grandioso programma di riallestimento e ampliamento del castello, motivato dalla creazione di un nuovo appartamento per il principe e la principessa di Piemonte secondo il progetto di Francesco Martinez. All'architetto messinese, nipote di Juvarra, a cui si affiancano i misuratori Baijs, Mosso e Revel-

li, viene anche attribuita la costruzione della cappella. Tre disegni di progetto si accompagnano ad un rilievo dello stato di fatto, forse di reimpiego e specificano la dislocazione del nuovo appartamento al piano nobile nel padiglione a levante. Al piano superiore si rendono abitabili due camere con i loro camerini. Nel 1775 si formano quattro calcoli economici: due di Revelli, uno di Baijs e uno di Mosso, che sommati ammontano a 35.628,10 lire. Gli ultimi due si riferiscono alle realizzazioni dell'appartamento e della "carrozzeria" nel piazzale ubicato davanti al castello (l'attuale «giardino delle rose»).
A lavori ultimati, limitatamente al riallestimento distributivo, si vanno definendo i decori secondo i progetti dell'accademico Leonardo Marini. Un documento dell'Archivio di Stato di Torino del 1788 elenca i seguenti appartamenti: appartamento del re (Vittorio Amedeo III), appartamento della regina (M. Antonia Ferdinanda di Borbone Spagna), appartamento dei principi di Piemonte (Carlo Emanuele e Maria Clotilde di Borbone Francia), appartamento dei duchi del Chiablese (Benedetto Maurizio e Marianna di Savoia), appartamento della principessa Felicita (sorella di Vittorio Amedeo III), appartamenti dei reali principi: Vittorio Emanuele, duca di Aosta, Maurizio duca del Monferrato, Carlo Felice duca del Genovese, Giuseppe Placido conte di Moriana.

Lo scalone e i nuovi appartamenti reali

Durante l'occupazione francese nel 1799 viene redatto un *Verbale* che testimonia della consistenza degli arredi e del recente utilizzo ad ospedale militare e in parte a caserma dell'edificio, escluse le parti auliche: le camere dell'appartamento del piano terreno a sinistra già dell'ex duca d'Aosta, l'appartamento superiore di Vittorio Amedeo III, poi sopra quello dell'ex re e regina (Carlo Emanuele IV e Maria Clotilde), al piano superiore quello già in uso degli ex principi, quindi, salita la scala, l'appartamento utilizzato dall'ex duca di Monferrato e ancora l'appartamento di Madama Felicita.
Una "novella fortuna" dell'edificio – impressa nella ridistribuzione, nell'uso e nel riarredo – si compie con la Restaurazione e si riconnette al generale processo di riqualificazione delle altre residenze. Moncalieri diviene comunque sede pubblica e di Corte, svolgendo un ruolo preminente anche dal punto di vista degli eventi storici. Il castello, rispetto alle altre dimore, diventa sede aulica e di rappresentanza di Vittorio Emanuele I. È di questo periodo il progetto, nel castello di Mon-

L. Marini, **Metà del Sofitto, Cornice, e Freggio da eseguirsi in dipinto nel Gabinetto da Tavoletta di S.A.R. Madama la Principessa di Piemonte a Moncalieri** ***(Torino, Biblioteca Reale , Ms. 218)***

calieri, di una galleria «dei fatti d'arme dei Principi » della Reale Casa di Savoia «[...] principiando da Beroldo fino al Re felicemente regnante Vittorio Emanuele compendiata dall'architetto Bagetti disegnatore di S.S.R.M.».

I minutari della Casa Reale segnalano a partire dal 1816 una serie di interventi parziali e nel 1819 la realizzazione della grande cancellata a cinque campate per il giardino del castello su progetto di Amedeo Dufour.

Il *Conto generale della spesa fatta per restaurazione ed ammobiliamento del Reale Castello di Moncalieri incominciate le dette opere il 23 Maggio 1820 e terminate il 20 Novembre, giorno in cui venne la Reale Corte ad abitarlo e vi soggiornò fino alla Vigilia di Natale* registra il riarredo interno secondo le indicazioni del misuratore e assistente Foglietti. I conti del 1820, sottoscritti dal misuratore Achino, indicano i restauri all'atrio e alla cappella (nella tribuna e nella volta), la demolizione della scaletta attigua allo scalone per il primo e secondo piano, il rifacimento di pavimenti e serramenti nell'appartamento di

Felicita di Savoia. Una relazione del 1822 documenta la demolizione dello scalone e la sua ricostruzione nello stesso sito: «Indi al piano si è formato dodici archi da dodici in quindici oncie con dodici volte a vela, tutte di once 6 [...], ed elevato sopra a misura le muraglie [...] sterniti di marmo e marmorino nei ripiani». Le opere in marmo sono ordinate già nel 1817 allo scalpellino Francesco Parodi per la realizzazione di «legati di Sarizzo», pilastrini, capitelli, modiglioni e gradini. Le spedizioni nel 1823 di coppi e calcina a Moncalieri sono contemporanee a quelle a Stupinigi e a Venaria. Al castello sono inoltre testimoniate opere di «minuserie» nell'appartamento del duca d'Aosta al pianterreno.

Una nota del 1820 riporta le maestranze attive: gli indoratori Cattaneo e Bonino, il falegname Detoma, lo scultore Gianotti, il professor Spalla e l'imbianchino Trivella (quest'ultimo pagato nel 1823).

Del 1824 è il *Catalogo de' Quadri esistenti nel Reale Castello di Moncalieri il 24 Febbrajo 1824.* Sono descritti i dipinti collocati negli appartamenti reali (al primo piano): Sala "con quadri grandi assai", camera de' Valet a piedi, camera de Paggi, camera di parata del Re (V. Emanuele I), camera de' Buffetti, camera da Pranzo di S.M., Galleria a Ponente, camera per andare al giardino, camera seguente, camera dei Valet di camera, camera da letto di S.M., camera grande del Re, Galleria del Re alla «chinese», Cappella di S.M., camera d'udienza del Re, camera d'udienza di S.M. la Regina (Maria Teresa d'Asburgo Lorena-Este), camera da letto della Regina, gabinetto di toeletta della Regina, gabinetto di lavoro di S.M. la Regina, camera del Trono, cappella della Regina.

A queste stanze si aggiungono: la camera di ricevimento della principessa Marianna, la camera da letto della principessa Marianna, la camera da ricevimento della principessa Cristina (figlie di Vittorio Emanuele I), la camera da letto della principessa Cristina, la toeletta della principessa Cristina, la camera di parata per servizio delle reali principesse, la camera de' Valet a piedi delle reali principesse, galleria, camera seguente e cappella.

Tra il 1825 e il 1828 proseguono le forniture di materiali sia per il rifacimento di un solaio del padiglione a ponente sia per il ripristino di alcuni pavimenti alla "veneziana". In questi anni il restauro del castello è in parte finanziato dal prodotto delle cascine di Collegno (Cavagliera, Zecca ecc.), beni del patrimonio privato della vedova Maria Teresa.

Il professor Spalla (coadiuvato dagli scalpellini Parodi e Giani e dallo stuccatore Cremona) realizza le quattro colonne di marmo rosso di

L. Marini, Progetto di decorazione di una **"sala nell'appartamento del Principe di Piemonte"** *nel Castello di Moncalieri (Torino, Biblioteca Reale, Ms. 218)*

macchia verde con i capitelli e le basi di marmo bianco per lo scalone. Il cantiere sabaudo dell'Ottocento utilizza le stesse maestranze e gli stessi artisti che lavorano contemporaneamente in tutte le residenze con contratti di manutenzione decennali. Tale prassi già regolare per i cantieri nel Seicento e Settecento ha permesso alla maggior parte degli edifici di giungere sino a noi. Questa operatività ottocentesca su tutte le fabbriche rende oggi difficoltoso riconoscere alcuni magisteri che sono stati indifferentemente impiegati per archi cronologici molto vasti.

Nel cantiere di Moncalieri è documentata anche la presenza di Ernest Melano, primo ingegnere dell'Ufficio d'Arte, che si interessa nel 1836 della sistemazione di una scuderia, sconsigliando il suo riutilizzo a caserma e progetta il maneggio coperto collocato al limite del muro di sostegno tra la prima corte e il giardino superiore, al posto del progettato scalone di collegamento tra i due livelli. Gli si possono attribuire anche i fabbricati ad est e ad ovest con funzione di servizio, che presentano architetture uniformi e simmetriche.

La sistemazione del giardino e del parco della metà del Settecento si mantiene solo per il primo riquadro a confine con il bosco, mentre invece la parte verso la collina assume nella prima metà dell'Ottocento un disegno paesaggistico, nel gusto dei nuovi allestimenti della maggior parte delle residenze da Racconigi a Pollenzo ad Agliè.

Il giardino, sino al 1848, conservò parte delle fisionomia settecentesca con quattro « gabinetti a guisa di pergolati » su progetto di Mario Ludovico Quarini, anche autore della «Caffé Haus» e della «Scala al Casino».

Una descrizione completa dello stato di fatto degli appartamenti alla metà del secolo XIX si ritrova nel *Dizionario* del Casalis:

[...] Veramente maestosa ne è la facciata, che è rivolta a mezzogiorno e guarda la città: di là si gode di un esteso orizzonte [...]. Internamente le maniche formanti questo superbo edifizio lasciano lo spazio ad un cortile quadrato della larghezza di circa settanta metri. Molti artisti, e soprattutto i Collini, contribuirono colle loro opere ad abbellirne gli appartamenti, e di non lieve pregio furono i bassorilievi del Bernero scultore torinese, fatti in marmo di Carrara col fondo di verde antico e cornice di bronzo dorato, rappresentanti i Sabaudi Monarchi.

[...] All'altare della regia cappella presso lo scalone, che fuvvi costrutta conforme all'idea del Martinez, fu posta una bellissima tavola rappresentante una finta statua di Maria Vergine col Bambino ed i santi Francesco d'Assisi e Carlo Borromeo, egregio lavoro di Carlino Dolci fiorentino. Oltre a questa regia cappella vi hanno nell'interno del

castello due bellissimi oratori adorni di quadri eccellenti e ricchi di dorature.
[...] Nel tempo dell'occupazione francese questo superbo edifizio avendo servito ad usi militari, soffrì non pochi danni; ma venne riattato convenientemente dopo il felice ritorno dei Reali di Savoja nei loro Stati di Terraferma: il duca di Savoja Vittorio Emanuele e il duca di Genova Ferdinando, figliuoli del regnante Carlo Alberto, durante la loro adolescenza vi dimorarono ne' bei mesi dell'anno.
[...] Nel mezzo delle due vaste piazze che vi sono, una a levante e l'altra a ponente, si veggono due fontane, le cui acque zampillano di continuo in un'apposita vasca.
[...] A destra del grandioso atrio è uno stupendo scalone in marmo bianco, ove quattro grosse colonne marmoree con capitelli e piedestalli di candido marmo carrarese elevasi a sorreggere il volto [...]; il castello è a due piani: si ha l'accesso al piano superiore per l'anzidetto scalone; salito il quale, volgendosi a manca, si entra in una grande sala, in cui è degno di osservazione un bassorilievo di marmo bianco, lodata opera dello Spalla, che rammemora come il re Vittorio Emanuele a cavallo, seguito dal suo regale corteggio, ritornò felicemente nella capitale del Piemonte: ivi pure stanno sei quadri, che tutti rappresentano persone Reali. Di là si passa in tre successive camere, di cui la prima contiene tre tavole di fatti mitologici, ed eziandio l'immagine della duchessa Margarita di Savoja; nella seconda esistono otto quadri, due di sacra storia, e gli altri di soggetti favolosi, la terza non contiene che quadri di fiori. Da questa ultima si ha l'accesso ad una stupenda galleria, della lunghezza di centocinquanta passi; ai due lati della quale sono appesi i ritratti, in grandezza naturale, di tutti i Sovrani Sabaudi, ed accanto ad essi veggonsi pure le immagini delle loro Auguste Consorti.
Entrasi quindi in parecchie altre sale: nella prima di queste, tra i molti dipinti che la rabbelliscono, ne accenneremo due, uno è il giuramento di Annibale, lavoro del Berger fatto in Roma nel 1791, l'altro è la Fama in atto di incoronare d'alloro il busto del duca Emanuele Filiberto, posto sulla sua tomba, ombreggiata da salici piangenti, opera del Chabord, eseguita nel 1834. Nella seconda, ricca pura di belle tavole, si osservano una sibilla del Biscarra, le matrone romane che a cavallo fuggono al di là del Tevere, lavoro del Pecheux; un ritratto di Canova, eseguito dal Cavalleri, del cui pennello sono pure Maria Stuarda, e S. Giovanni Battista che predica a molti uditori nel deserto; i quali dipinti stanno nelle seguenti due sale, ove se ne vedo-

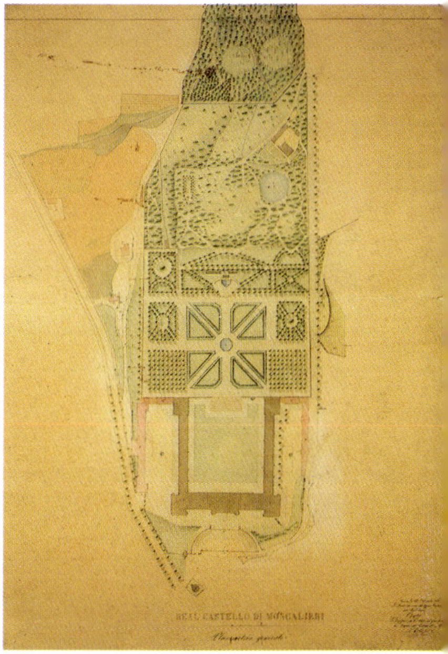

P. Foglietti, L. Tonta, **Real Castello di Moncalieri,** ***1864 (Torino, Archivio di Stato,*** **Disegni Real Casa,** ***c. 39)***

no varii altri di sacra storia e di fasti militari, e stanno anche un ritratto di Diogene ed un curioso quadro, che ne contiene dodici altri assai piccoli, bellamente divisi da lamine di ottone, e indicanti guerresche imprese di Sabaudi Monarchi.
Da queste si ha l'adito a una galleria non così lunga come la sopraccennata, ma veramente magnifica e rifulgente di suppellettili stupende, ai lati della quale sono appesi, a foggia di grandi tavole, quindici preziosissimi arazzi di Fiandra, che rappresentano i lavori della campagna, fatti dai villici nelle varie stagioni dell'anno. Di qua vassi in nove altre sale: le tre prime sono molto adorne di pregevoli dipinti; la quarta contiene eziandio parecchie eccellenti opere di pittura, ed otto bei quadri di fiori, eseguiti dalla damigella Gilli di Cuneo, nella quinta tra varii cospicui lavori artistici, ve ne hanno due che offrono allo sguardo i porti e le città di Nizza e di Villafranca [...] nella sesta si riguardano fra le altre pitture alcuni ritratti di Principi, e due vedute, una del tempio di S. Pietro in Roma, l'altro del palazzo Vaticano ; la settima contiene immagini di augusti personaggi, l'ottava è una sala di studio, e vi si vede un piccolo museo di storia naturale; nella nona è osservabilissima una bella raccolta di ritratti di Principi Sabaudi, tutti delineati nella loro fanciullezza.
Entrasi poscia in un'altra galleria lunga come la prima, e parallela alla medesima: ivi sta pure la serie dei Sovrani dell'Augusta Casa di Savoja, tutti a cavallo [...] in fondo di questa galleria esiste un quadro di dimensione assai grande, che rappresenta una battaglia [...] lavoro eseguito dal La Pegna nel 1755.
Segue la sala del trucco: ivi sono tavole, che rammentano famose battaglie, cioè, quelle di Savona (1746), dell'Assietta, del Colle della Croce, di Parma, di Guastalla, di Pizzighettone, e di Malplaquet [...] del La Pegna e del Verdussen.
Nella penultima sala veggonsi otto quadri di storia sacra: nell'ultima ve ne hanno due del Beaumont, riguardanti ad Achille.

Nel Fondo dell'Azienda della Real Casa si conserva notizia che nel secondo semestre del 1861 al castello di Moncalieri le zone della fabbrica a levante del Castello sono occupate dal personale di scuderia e si segnalano anche nuove opere in muratura al fabbricato a levante. I lavori di ritinteggiatura in diversi locali (le scuderie dei cavalli da sella, la carrozzeria, e quella attigua, il vestibolo e i locali del corpo di guardia, il gabinetto del portinaio, "la rotonda") vengono realizzati negli stessi anni, unitamente all'intervento nel fabbricato a ponente. Il

conto economico del Foglietti del 14 ottobre 1861 segnala la destinazione a scuderia da carrozza del nuovo fabbricato.
I lavori proseguono sino al 1864, realizzando interventi ai corridoi, alle rimesse e alle coperture (in asfalto) del padiglione del fabbricato ad ovest. La mappa Rabbini, dello stesso periodo, segnala la costruzione degli edifici ad est e ad ovest e la nuova sistemazione dell'ingresso.
Nello stesso anno la planimetria generale è siglata dal Foglietti con la qualifica di architetto capo dell'Ufficio tecnico della Casa Reale; la firma sotto la sua è quella dell'ingegnere di seconda classe del Genio Civile per i fabbricati demaniali G. Tonta.
All'ingegner Tonta, con il pittore Domenico Ferri, responsabile delle decorazioni delle fabbriche reali, è attribuita la paternità del nuovo progetto per gli appartamenti reali nella seconda metà dell'Ottocento. Gli interventi realizzati sono indicati in rosso sul rilievo dei Testimoniali di Stato. Tra le varie opere si elimina la scala del padiglione a ponente e si aggiunge un nuovo blocco scala.

Il castello di Moncalieri si trova dunque accomunato alle altre residenze sia nel procedere del cantiere sabaudo sia nelle scelte legate alle variazioni di gusto, ma conserva nelle diverse fasi del suo costituirsi il costante rapporto con il giardino e il parco, che a partire dalla metà del Seicento ne caratterizzano l'immagine nel *Theatrum Sabaudiae* e nei *Testimoniali di Stato.*
Il complesso si differenzia dalle altre "delitie" non tanto per le tecniche costruttive o per le fasi di impianto che si sono realizzate in tempi lunghi, ma per la sua definizione a partire dal 1647 e la sua caratterizzazione esterna tra il 1660 e il 1683. L'intervento del 1775 fu una piccola addizione rispetto a quelle più sostanziali attuate nelle altre "villeggiature". Le trasformazioni di fine Settecento addizionarono elementi alla composizione, ma non ne variarono sostanzialmente la fisionomia esterna compatta e ben definita che è giunta fino ad oggi con i suoi rapporti con il borgo (in questo caso profondamente mutato), il giardino e il parco.
Il castello di Moncalieri risulta inoltre interessante "documento" della complessità del cantiere sabaudo che, senza pause, è stato animato da destrutturazioni, aggiunte, demolizioni, rifacimenti, ripristini e manutenzioni.
Le sue architetture devono, oggi, essere interpretate nel senso di continue "sovrascritture", tra le quali, non ultimi, i recenti restauri.

Veduta del castello da un'ansa del Po, ***olio su tela, s.f., s.d., (Racconigi castello)***

RIFERIMENTI BIBLIOGRAFICI

ANDROUET DU CERCEAU, *Livre de Architecture de Jacques Androuet du Cerceau contenant les plans et dessains de cinquante bastimens tous differens: pour istruire ceux qui desirent bastir* [...], Parigi 1559 (ed. anastatica Ridgewood, New Jersey 1965).

Theatrum Statuum Regiae Celsitudinis Sabaudiae Ducis, Pedemontii Principis, Cypri Regis. Pars prima, exhibens Pedemontium, Et in eo Augusta Taurinorum, et Loca vicinoria. Pars altera, Illustrans Sabaudiam, et Caeteras Ditiones Cis et Transalpinas Priore Parte derelictas, 2 voll., Amsterdam 1682 (riedizione a cura di L. Firpo, *Theatrum Sabaudiae. Teatro degli stati del Duca di Savoia,* 2 voll., Torino 1984, 1985).

C.M. AUDIBERTI, *Regiae villae poetice descriptae; et regiae celsitudini Victoris Amedez II, Sabaudiae, et Montisferrati Ducis, Pedemontij Principis, Cipri regis et C. Dicatae Camillo Maria Audiderto societatis Jesu,* Torino 1711.

G. G. CRAVERI, *Guida / de' Forestieri / per / la Real Città / di Torino* [...], Torino, 1753, p. 154.
Memorie Cronologiche delle cose più memorabili del Borgo insigne di Testona, e Moncalieri [...] p. il Sig.i Auditore Giacomo Filippo De Beaumont sino all'anno 1661, quindi proseguite con varie aggiunte a luogo a luogo, sino agli anni correnti dall'insinua tore di S.M. di detta atta e suo dipartimento. Maurizio Buoniscontri sino al 28 Aprile 1782, Biblioteca Reale di Torino.

M. PAROLETTI, *Turin / et / ses Curiosités / ou Description Historique / de tout ce que cette capitale [...],* Torino 1819.

A. G. CASALIS, *Dizionario geografico storico statistico commerciale degli Stati di S.M. il Re di Sardegna* [...],Torino 1842, vol. X, ad vocem *Moncalieri*, pp. 519, 520.

A. BELLINI, *Benedetto Alfieri*, Milano 1976, p. 220.

Per Ernest Melano (1792-1867), si veda L. PITTARELLO, *Ernest Melano*, biografia, in E. CASTELNUOVO, M. ROSCI (a cura di), *Cultura figurativa e architettonica negli Stati del Re di Sardegna, 1773-1861*, catalogo della mostra, Torino maggio-luglio 1980, vol. III. Nel 1833 viene nominato architetto di S.M., poi capo dell'Ufficio d'Arte.

Per l'architetto Giuseppe Battista Piacenza, teorico dell'architettura, che si occupò anche dei lavori al castello di Chambery e di Venaria Reale, si veda inoltre A. CORBOZ, *Invention de Larouge, 1772 - 1792*, Losanna 1968, e AA.V.V., *Batir une ville au siècle des lumières. Carouge: modeles et réalités*, catalogo della mostra, Carouge 29 maggio-30 settembre 1986, Archivio di Stato di Torino, Torino 1986.

G. MASSARA, *Sei e Settecento a Moncalieri, arte, storia. Immagini del periodo Barocco a Moncalieri e dintorni*, Grugliasco Torino 1986.

P. ASTRUA, *Le scelte programmatiche di Vittorio Amedeo duca di Savoia e Re di Sardegna*, in S. PINTO (a cura di), *Arte di Corte a Torino da Carlo Emanuele III a Carlo Felice*, Cassa di Risparmio di Torino, Torino 1987, pp. 66 sgg.

A. GRISERI, *Il Diamante. La Vigna di Madama Reale Cristina di Francia*, Istituto Bancario San Paolo di Torino, Torino 1988.

M. G. VINARDI, *Moncalieri Castello*, in C. Roggero Bardelli, M. G. Vinardi, V. DEFABIANI, *Ville Sabaude*, Milano 1990, pp. 288-309.

F. PERNICE (a cura di), *Il Castello di Moncalieri: restauri 1989-1990*, Torino 1991.

F. PERNICE (a cura di), *Moncalieri. Il Castello passato e presente*, Torino 1992.

A.M. BAVA, *La collezione di pittura e i grandi progetti decorativi* , in G. ROMANO (a cura di), *Le collezioni di Carlo Emanuele I di Savoia*, Cassa di Risparmio di Torino, Torino 1996, pp. 243-244.

RE E REGINE A MONCALIERI

di **Cesare Enrico Bertana**

Tra le residenze sabaude il castello di Moncalieri gode di particolare favore, legandosi alla figura di Vittorio Amedeo III, che amava questa dimora, dove soleva trascorrere lunghi soggiorni con la famiglia reale e la corte[1].

La memoria dell'arredo settecentesco (*«le mobilier était magnifique»* [2]) – depauperato durante l'occupazione francese (1799) quando il castello viene adibito prima a caserma e a ospedale militare poi[3], alterato da interventi nel secolo successivo – è affidata alla testimonianza di documenti, ma l'assenza e il silenzio dei pochi inventari anteriori al 1860 rendono impossibile ricostruire la fisionomia originale degli appartamenti[4].

Durante la Restaurazione *«parmi les embellissemens qui sont ordonnés pour le chateau de Moncalier, on cite une galerie entièrement destinée pour des tableaux représentant les faits d'armes où les Princes de la maison de Savoie, et leurs armées ont donné des preuves de vaillance. Le nombre de ces tableaux sera considérable, et l'on apprend avec plaisir que le Roi a bien voulu en charger M. l'architecte Bagetti, son dessinateur»*[5]. La galleria avrebbe dovuto costituire la più importante delle iniziative di rinnovamento del castello promossa da Vittorio Emanuele I, in parte realizzata dal Bagetti con una serie di dipinti poi trasferiti nel Palazzo Reale di Torino. Ammodernamenti avvengono nel periodo carloalbertino: l'appartamento al piano terreno, a destra dell'atrio, conserva volte dipinte e camini dall'impronta palagiana, riconoscibile anche nelle *boiseries* e nelle porte della Sala del Proclama e in altre sale dell'appartamento reale al primo piano.

Negli anni seguenti l'ascesa al trono di Vittorio Emanuele II (1849), si intraprende una serie di lavori, «per le radicali varianti fatte subire ai

I figli di Vittorio Emanuele II, ***Catterine Grassis de Predt, 1848. (Torino, Palazzo Reale) In alto da sinistra; Umberto Principe di Piemonte, Amedeo Duca d'Aosta, Maria Clotilde; in basso da sinistra: Oddone Duca di Monferrato, Maria Pia***

Reali Appartamenti e alloggi, e per l'avvenuto intero cambiamento del mobilio... non resta più possibile in guisa alcuna accertare lo stato antico del mobilio», scrive l'estensore dell'inventario del 1860. I libri contabili dell'Azienda Real Casa registrano la direzione di Domenico Ferri, primo architetto decoratore dei Reali Palazzi. Al piano terreno, nel 1850 si allestiscono gli appartamenti destinati alla principessa di Montléart, rientrata in Piemonte dopo un lungo esilio (Maria Cristina Albertina di Sassonia Curlandia, già principessa di Carignano, madre di Carlo Alberto) e al principe Eugenio di Carignano situati nel padiglione a levante; l'anno seguente vengono trasformati il salone e l'adiacente camerone al piano nobile in 39 «comodi Appartamenti per i Reali Principi Infanti»; dal 1852 al 1853 vengono approntati gli appartamenti reali. L'équipe è costituita in parte dagli stessi artisti che hanno lavorato sotto Pelagio Palagi, ma il gusto si adegua ai modelli del fastoso stile Secondo Impero che si sta elaborando in Francia per la corte di Napoleone III, di cui Domenico Ferri si fa interprete.
Le vicende successive alla morte di Umberto I (1900) determinano il progressivo smembramento dell'arredo, fino alla completa dispersione tra vari enti[6] in Italia e all'estero (1914-1939), quando l'edificio viene dato in consegna all'amministrazione militare. Nei tre appartamenti rimasti[7], nonostante le spoliazioni e i mutamenti dovuti a recenti restauri (1971), alcuni ambienti corrispondono alla situazione attestata tra il 1860 e il 1880 e documentano il gusto della corte piemontese. Negli appartamenti al primo piano e piano terreno abitati dall'ultimo quarto del secolo XIX dalla principessa Maria Clotilde e dalla figlia Maria Letizia, duchessa vedova d'Aosta, la decorazione "Luigi XVI" è ancora conservata nelle volte di alcune sale. Arredo composito, per l'appartamento di Maria Letizia: la camera da letto in "neo-Luigi XVI" è del 1907; quello di Maria Clotilde rispecchia le tendenze dell'eclettismo umbertino, pur conservando eleganti mobili della fine del XVIII secolo[8].

Vittorio Emanuele I a Moncalieri, ***anonimo, XIX secolo (Castello di Racconigi)***

Maria Teresa Regina di Sardegna, consorte di Vittorio Emanuele I, ***anonimo, XIX secolo (Castello di Racconigi)***

NOTE

1. C. E. Bertana, *Vita di corte a Moncalieri*, 1770-1798, in F. Pernice (a cura di), *Moncalieri. Il Castello passato e presente*, Torino 1992, pp. 49-95.
2. M. Paroletti, *Turin et ses curiosités*, Turin 1819, p. 64.
3. Archivio Storico del Comune, *Carte Francesi*.
4. A. S. T., *Inventari Castello di Moncalieri*.
5. M. Paroletti, *op. cit.*, p. 86.
6. C. E. Bertana, *Note sull'arredo degli Appartamenti Reali del Castello di Moncalieri nel XIX e XX secolo*, in F. Pernice (a cura di), *Il Castello di Moncalieri. Restauri 1989-1990*, Torino 1991, pp. 103-118.
7. Soprintendenza ai Monumenti del Piemonte, *Gli Appartamenti Reali del Castello di Moncalieri*, Torino 1971.
8. G. De Abate, *I Castelli di Moncalieri e Stupinigi*, in *I Palazzi e le Ville che non sono più del Re*, Milano 1921.

Vittorio Emanuele I Re di Sardegna (1759-1824)

Figlio di Vittorio Amedeo III e di Maria Antonia di Borbone Spagna, nasce nel Palazzo Reale di Torino il 24 luglio 1759 e riceve il titolo di duca d'Aosta. Affidato alla contessa Elena Ludovica Fresia d'Oglianico, viene successivamente accolto (1768) nella casa di educazione dei principi diretta dal cav. Casimiro Gabaleone di Salmour. Vittorio Amedeo III, intendendo ristabilire nella politica delle alleanze familiari l'equilibrio, compromesso dalla preponderanza francese, e per la mancanza di eredi del principe di Piemonte Carlo Emanuele unito a Maria Clotilde di Francia, concorda il matrimonio del duca d'Aosta con Maria Teresa, figlia dell'arciduca Ferdinando di Asburgo Lorena, governatore di Milano, e di Maria Beatrice d'Este, che viene celebrato a Novara il 25 aprile 1789. Dall'unione il 6 dicembre 1792 nasce Maria Beatrice, che sposerà a Cagliari il 20 giugno 1812 lo zio materno Francesco IV d'Asburgo Lorena-Este, duca di Modena. Alla corte di Torino i duchi del Monferrato, del Genevese e il conte di Moriana costituiscono, con il fratello Vittorio Emanuele, un gruppo di opposizione personale e politica (*fradlansa*) contro il fratello Carlo Emanuele, principe di Piemonte ed erede al trono.

Lo scoppio della Rivoluzione, l'immigrazione in Piemonte dopo la presa della Bastiglia, l'invasione della Savoia e del Nizzardo sono i momenti salienti della vita piemontese dal 1790 al 1796. Il duca d'Aosta partecipa alle campagne contro i francesi condotte da Vittorio Amedeo III e conclusesi con la disastrosa pace di Parigi (1796). Il 14 ottobre 1796, Vittorio Amedeo III muore in Moncalieri; gli succede al trono, in un momento gravissimo per la monarchia Piemontese, Carlo Emanuele IV. Il 3 novembre 1797 nasce Carlo Emanuele, erede presuntivo della corona, e l'evento rafforza il prestigio paterno a corte. Il 9 dicembre 1798 Vittorio Emanuele lascia Torino, occupata dai francesi, con la famiglia reale, diretto alla volta della Sardegna. Il 4 giugno 1802, Carlo Emanuele IV abdica a Roma e si ritira presso il convento dei Gesuiti di Sant'Andrea del Quirinale, ove muore cieco nel 1819: il duca d'Aosta diviene re con il nome di Vittorio Emanuele I. Durante il soggiorno romano della famiglia reale nascono, il 19 settembre 1803, le gemelle Marianna (sposa nel 1831 dell'imperatore Ferdinando I d'Asburgo Lorena) e Maria Teresa, divenuta consorte nel 1820 di Carlo Ludovico di Borbone, duca di Lucca. Dal 1804 Vittorio Emanuele I si trasferisce in Sardegna, dove rimane fino al 2 maggio 1814, dedicandosi al governo dell'isola. Il 14 novembre 1812 era nata a Cagliari Maria Cristina, futura sposa (1832) di Ferdinando II di Borbone Napoli. Dopo la caduta di Napoleone, Vittorio Emanuele I rientra a Torino il 20 maggio 1814. Il 13 luglio 1814, con Regia Patente, costituisce "il corpo dei Carabinieri Reali". Maria Teresa, rimasta a Cagliari in qualità di reggente fino al 16 agosto 1815, prosegue l'opera di riorganizzazione amministrativa intrapresa dal marito e rientra a Torino il 23 settembre 1815. Il re restaura rigidamente in Piemonte le istituzioni del 1798. Con il Congresso di Vienna, realizza inoltre l'annessione di Genova e delle due Riviere al Regno di Sardegna. Il re richiama a Corte il principe di Carignano Carlo Alberto (erede presuntivo al trono) e la sorella Maria Elisabetta, allontana la regina Maria Teresa dagli affari di Stato e crea il 14 agosto 1815 l'Ordine del merito militare di Savoia. Il 25 luglio 1818 pone la prima pietra della Chiesa della Gran Madre di Dio, fatta erigere per la recuperata indipendenza dello Stato. I moti del 1821 pongono fine al regno di Vittorio Emanuele I, che abdica il 12 marzo a favore del fratello Carlo Felice e abbandona Torino, lasciando reggente, durante l'assenza del nuovo re, il principe di Carignano. Nizza, Lucca, Modena sono le tappe dell'esilio (1821-1822). Nel giugno del 1823 ritorna in Piemonte, a Moncalieri. Affettuosi sono i rapporti con il re Carlo Felice e con la famiglia reale. Soggetto a gravi infermità muore in Moncalieri il 10 gennaio 1824. Viene sepolto nella Basilica di Superga. Maria Teresa si ritira a Genova, a palazzo Tursi, e dopo aver dedicato gli ultimi anni alle due figlie Marianna e Maria Cristina, muore il 29 marzo 1832. È sepolta a Superga.

Vittorio Emanuele II (1820-1878) Re di Sardegna (1849-1861) e Re d'Italia (1861-1878)

Primogenito di Carlo Alberto e di Maria Teresa d'Asburgo Lorena Toscana, nasce a Torino, in Palazzo Carignano, il 14 marzo 1820 ed è tenuto a battesimo da Carlo Felice e Maria Cristina. Ai genitori, che si occupano direttamente dell'educazione di Vittorio Emanuele e del fratello Ferdinando, nato nel 1822 durante il soggiorno toscano, è associato nel 1825 il precettore abate Andrea Charvaz, per l'istruzione elementare. All'inizio del 1830 Carlo Felice istituisce la casa di educazione dei principi, presieduta dal conte Cesare Saluzzo di Monesiglio. Il 12 maggio 1831 Vittorio Emanuele è insignito da Carlo Alberto, con uno dei suoi primi atti ufficiali, del titolo di duca di Savoia. Il periodo di studio dei principi si svolgerà per diversi anni nel castello di Moncalieri. Al termine del periodo di educazione, con il raggiungimento della maggiore età, il 15 marzo 1839 è presentato ufficialmente ai grandi dignitari dello stato: prosegue la carriera militare e nel 1842 sposa la cugina Maria Adelaide d'Asburgo Lorena, figlia di Elisabetta di Carignano e dell'arciduca d'Austria Ranieri. Nel 1848, al comando della quinta divisione, è ferito nella battaglia di Goito: nel periodo che precede la denuncia dell'armistizio (1849) partecipa alla riorganizzazione dell'esercito acquartierato tra Alessandria e Casale. Il 25 marzo, dopo la disfatta di Novara, l'abdicazione del padre Carlo Alberto e le difficili trattative di Vignale, annunzia il suo avvento al trono di Sardegna firmando il primo proclama alla nazione: il 29 dello stesso mese, a Torino, giura in Parlamento fedeltà alla Costituzione.

Vittorio Emanuele II Duca di Savoia, poi Re di Sardegna, ***anonimo XIX secolo (Castello di Racconigi)***

Lo Statuto albertino, pur limitando l'autorità del sovrano, garantisce una discreta indipendenza alla politica della Corona: il senato e i ministri rimangono, infatti, di nomina regia, e al re è concesso il potere di convocare e sciogliere il Parlamento. Tali prerogative gli consentono di presiedere il Consiglio dei Ministri, sciogliere la Camera (diritto che mette in pratica nel novembre del 1849 con il Proclama di Moncalieri), demandare a militari la direzione del governo in momenti di crisi (dopo il trattato di Villafranca del 1859, dopo i disordini di Torino del 1864 in seguito alla Convenzione di Settembre e nel 1867, in coincidenza con l'episodio di Mentana). Conserva inoltre un'influenza preminente nelle principali questioni di politica estera sia attraverso la nomina diretta del ministro competente, sia conducendo personalmente le trattative diplomatiche, talvolta indipendentemente – e anche in contrasto – con il Presidente del Consiglio. Ciò avviene, ad esempio, nei rapporti personali con la S. Sede fin dall'approvazione nel 1856 della legge Siccardi, per le complesse relazioni religiose e politiche, nella preparazione della spedizione di Crimea del 1855, nei rapporti con la Francia in occasione dell'attentato a Napoleone III, o nelle trattative di pace con l'Austria nel 1859.

Nel 1855 una serie di lutti si abbatte sulla famiglia reale: muore la regina madre Maria Teresa, la regina regnante, Maria Adelaide, e il fratello del re, il duca di Genova.

Vittorio Emanuele II intrattiene relazioni private con Garibaldi in ripetute occasioni, per il problema dell'unificazione dell'Italia meridionale, e con Mazzini per il Veneto, precedentemente alla guerra del 1866. Accanto a questa densa attività sia politica sia privata (matrimoni delle figlie Maria Clotilde col Principe Gerolamo Napoleone e Maria Pia col Re di Portogallo), svolge poi gli incarichi ufficiali consueti, come nel caso del viaggio a Parigi e a Londra nel novembre 1855, la solenne visita alla Toscana e all'Emilia nell'aprile 1860, l'inaugurazione del primo parlamento italiano il 18 febbraio 1861. È proclamato re d'Italia il 17 marzo 1861 nella Sala del Trono del Palazzo Reale di Torino. Il 7 novembre 1869 sposa morganaticamente Rosa Teresa Vercellana, nominata contessa di Mirafiori e Fontanafredda (Lettere Patenti 11 aprile 1859), da cui nascono Vittoria ed Emanuele Filiberto Guerrieri. Muore a Roma il 9 gennaio 1878 nel Palazzo del Quirinale: è sepolto nel Pantheon.

Maria Adelaide ultima Regina di Sardegna (1822-1855)

Maria Adelaide Francesca d'Asburgo Lorena nasce il 3 giugno 1822 a Milano dall'arciduca Ranieri, viceré del Lombardo Veneto, e da Maria Francesca Isabella di Savoia Carignano, sorella di Carlo Alberto. Trascorre l'infanzia e l'adolescenza tra Milano e Monza, dimostra un vivo interesse per le manifestazioni artistiche e in particolare per la musica. Maria Adelaide sposa il 12 aprile 1842 a Stupinigi il cugino Vittorio Emanuele duca di Savoia. Il 2 marzo 1843 nasce Maria Clotilde, il 14 marzo 1844 Umberto e il 30 maggio 1845 Amedeo duca d'Aosta. Maria Adelaide conduce una vita molto ritirata, dedicandosi alla cura dei figli e alle pratiche religiose, con soggiorni a Moncalieri e Stupinigi. L'11 giugno 1846 nasce Oddone, duca del Monferrato, e il 16 ottobre 1847 Maria Pia, di cui il pontefice Pio IX sarà padrino; nel dicembre 1847 il Pontefice invia alla duchessa di Savoia la Rosa d'oro. Il 23 marzo 1849, con l'abdicazione di Carlo Alberto, diviene regina di Sardegna e vive con la suocera Maria Teresa (anche lei principessa austriaca) i drammatici momenti della prima guerra d'Indipendenza. Il 2 giugno 1851 dà alla luce il sesto figlio, Carlo Alberto, duca del Chiablese. Nell'estate del 1853 soggiorna in Liguria per motivi di salute, in compagnia della regina vedova Maria Teresa e dei figli: il 20 novembre inaugura con il marito l'ultimo tratto della linea ferroviaria Torino-Genova. In seguito alla morte del figlio Carlo Alberto (28 giugno 1854) non compare più in pubblico; nel gennaio del 1855 muore la regina Maria Teresa, vedova di Carlo Alberto; e il 20 gennaio 1855 Maria Adelaide si spegne, a pochi giorni dalla nascita dell'ultimogenito Vittorio Emanuele Leopoldo, duca del Genevese (8 gennaio 1855). Nel Santuario della Consolata esiste un ricordo marmoreo con le statue delle due regine nella cappella dove erano solite recarsi insieme a pregare.
L'ultima regina di Sardegna è sepolta nella Basilica di Superga.

Maria Adelaide
Regina di Sardegna,
consorte di Vittorio
Emanuele II,
Francesco Gonin,
XIX secolo
(Castello di Racconigi)

IL RESTAURO DELL'APPARTAMENTO DELLA PRINCIPESSA MARIA LETIZIA

di **Francesco Pernice**

L'appartamento della principessa Maria Letizia è ubicato sul lato sinistro dell'atrio del castello.
Esso è composto da ventitrè locali, dei quali dieci erano stati restaurati nel 1971 dal professor Umberto Chierici, mentre gli altri furono chiusi e adibiti a magazzini, lasciando un unico accesso dei tre esistenti[1].
I lavori di restauro, realizzati dalla Soprintendenza per i Beni Ambientali e Architettonici nel 1990[2], hanno interessato altri dieci locali e avevano una semplice finalità: da una parte ripristinare l'intero appartamento reale riportando alla luce affreschi, decorazioni, pavimenti e porte occultate dal tempo; dall'altra permettere un percorso di visita in un unico senso di marcia, con entrata e uscita differenziate, nel pieno rispetto delle normative di sicurezza imposte dalle leggi in vigore[3]. Mediando quindi tra la rigida applicazione delle normative imposte per i locali aperti al pubblico e l'attenta ricerca storica e archivistica, è stato possibile ideare un progetto la cui realizzazione ha permesso di ripristinare, a metà del percorso di visita dell'appartamento reale, un'ulteriore uscita di sicurezza, da cui è possibile accedere alla "piazza d'Armi"[4]. Questa uscita, essendo ubicata alla stessa quota del cortile esterno, è anche utilizzabile come accesso all'appartamento per i portatori di handicap.
I precisi rilievi, le indagini sonar e radiografiche realizzate in corso d'opera, hanno evidenziato le modifiche effettuate nel corso dei secoli e hanno permesso di riportare alla luce particolari interessanti e strutture occultate. Uno dei ritrovamenti più interessanti è senza dubbio quello della terza torre, risalente al XIV secolo, che era celata da murature: essa è stata riportata alla luce e inserita nel percorso di visita. La sua ubicazione in un ambiente di non rilevante portata architettonica non solo non contrasta con l'arredo circostante, ma fa risaltare il rigoroso quanto

Interno della terza torre medievale

affascinante stile medioevale della torre stessa [5]. Altro ritrovamento di notevole rilevanza storica è stata l'individuazione di un sito di discarica, collocato in una delle due torri della facciata risalenti al XIII secolo. L'accesso, non visibile dall'esterno, era stato occultato. Accurate indagini hanno permesso di rilevare che dalle quote del piano terra, fino all'altezza di circa 8 metri, l'interno della torre era adibito a discarica; i materiali sono stati datati dal 1300 fino alla metà del 1500.

Questi reperti di svariata tipologia – vegetale, animale, vetri e ceramiche, stoffe e monili, monete e armi – sono attualmente oggetto di approfonditi studi e restauri; contemporaneamente, si sta procedendo a un'attenta ricerca archivistica, in modo tale che i dati finali acquisiti potranno permettere, con attendibile precisione, la datazione dei reperti che saranno poi oggetto di una mostra permanente sul periodo medioevale di Moncalieri [6].

L'intervento di restauro realizzato nell'appartamento della principessa Maria Letizia ha cercato di coniugare due aspetti antitetici e talvolta contrastanti: da un lato il puro restauro degli ambienti, ivi comprese decorazioni, affreschi, porte, pavimenti, con l'obiettivo di ripristinare i colori originali desunti da un'approfondita e accurata campagna di saggi stratigrafici; dall'altra l'applicazione di moderne tipologie tecnologiche e impiantistiche, al fine di poter utilizzare gli spazi disponibili per qualunque tipo di manifestazione o mostre espositive.

A tale duplice fine, si è dedicata una cura particolare alla realizzazione di tutti gli impianti tecnologici e degli impianti di illuminazione degli ambienti: laddove è stato possibile sono stati ricablati i corpi illuminanti esistenti; sono stati adattati per un'alimentazione a energia elettrica alcuni vecchi lumi a petrolio rinvenuti nei magazzini e dapprima inutilizzati. In alcuni casi sono state impiegate tecnologie più moderne e sofisticate sfruttando particolari situazioni ambientali; valga ad esempio la sala dell'ascensore. Qui, infatti, un accurato restauro ha riportato alla luce la cabina dell'ascensore, ed è stato sfruttato il suo vano tecnico per inserirvi un traliccio tecnologico a supporto degli impianti a servizio della sala stessa.

L'adeguamento dell'appartamento alle normative in vigore è stato realizzato anche in funzione della necessità di ospitarvi frequentemente delle mostre: l'impianto elettrico è stato realizzato posizionando le lampade di emergenza sul percorso di visita; i punti di alimentazione per gli espositori sono stati ubicati in varie posizioni e in ogni stanza, in modo tale che è sempre possibile allestire una mostra in maniera del tutto autonoma rispetto all'ambiente circostante [7].

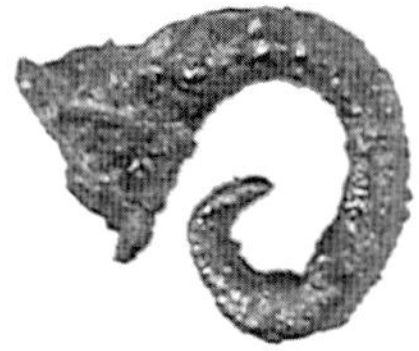

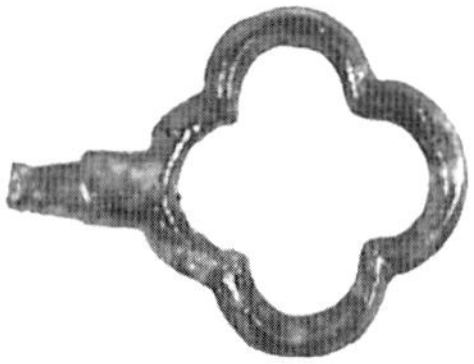

Reperti archeologici rinvenuti nella terza torre medievale durante gli scavi

Tutto l'impianto elettrico, realizzato su cinque diverse linee di alimentazione, è comandato da un unico quadro di zona, mentre l'impianto di emergenza è stato collegato a un computer di controllo, che segnala in qualsiasi momento il guasto della singola lampada o sulla linea di alimentazione, riducendo notevolmente la mano d'opera di intervento e assicurando un'efficiente funzionalità.

Uno dei locali recuperati prima e dopo l'intervento

Note

1. Per una più ampia trattazione dei lavori di restauro già realizzati si veda F. PERNICE (a cura di), *Il castello di Moncalieri: Restauri 1989-90*, Torino 1991.
2. F. PERNICE, *Il castello di Moncalieri*, in *I grandi progetti di intervento nel settore dei Beni Culturali*, IX Mostra europea del Turismo, Artigianato e delle tradizioni culturali, Roma, Castel Sant'Angelo, 10-24 aprile 1990.
   Il restauro di parte del Castello di Moncalieri è stato inserito, nell'anno 1988, nel programma finanziario della Soprintendenza per i Beni Ambientali e Architettonici, ai sensi della L. 449, per un importo di due miliardi di lire, in modo da realizzare campioni tipo di interventi tali da essere presi ad esempio per il futuro restauro dell'intero complesso monumentale.
   L'accordo con il Comando Generale dell'Arma dei Carabinieri ha permesso di condurre a termine nel migliore dei modi le dieci tipologie di intervento proposte, e descritte nei volumi già pubblicati.
3. Le problematiche sorte ai fini dell'applicazione della L. 818/85 e delle varie normative di sicurezza relative ai musei, sono state affrontate e risolte dalla Soprintendenza per i Beni Ambientali e Architettonici in molte occasioni raggiungendo un rapporto di fattiva collaborazione con il comando dei Vigili del Fuoco e favorendo, attraverso apposite commissioni, l'applicazione di nuove normative che hanno permesso di raggiungere risultati operativi soddisfacenti.
4. F. PERNICE, *La dinamica e l'evoluzione delle norme di tutela, come pretesto per innovativi risultati nella cultura del recupero. La prevenzione incendi negli edifici pregevoli per arte e storia*, in P. G. BARDELLI, E. INNAURATO, C. CALDERA, G. MOGLIA, F. ZAMPICININI, *Il recupero, metodi e modi*, Milano 1990.
5. F. PERNICE, *"La realtà immaginaria" del Castello medioevale di Moncalieri*, in A. DE MARCO e G. TUBARO (a cura di), *Castelli e città fortificate, storia recupero valorizzazione – Palma La Nuova 400° - 1593-1993*, Colloqui internazionali 24-25 settembre 1993, Palmanova 1993.
6. La mostra verrà allestita di concerto con la Soprintendenza Archeologica, che, sotto la direzione della dottoressa Gabriella Pantò, sta curando le operazioni di restauro dei reperti rinvenuti; essa sarà ubicata in alcuni locali dell'appartamento del re Vittorio Emanuele II, in modo tale che il visitatore potrà avere uno spaccato della "vita castellana" e del borgo in quel particolare periodo storico.
7. F. PERNICE, *Moderni impianti in antichi edifici*, in M. FUMO (a cura di), *Il recupero degli edifici antichi, manualistica e nuove tecnologie*, Atti del convegno internazionale, Napoli 1994.

VISITA ALL'APPARTAMENTO DELLA PRINCIPESSA MARIA LETIZIA

di **Claudio Bertolotto***

A sinistra, sala di ricevimento: arredi del XVIII e XIX secolo. Soffitto dipinto con le iniziali di Vittorio Amedeo III, 1789 circa.

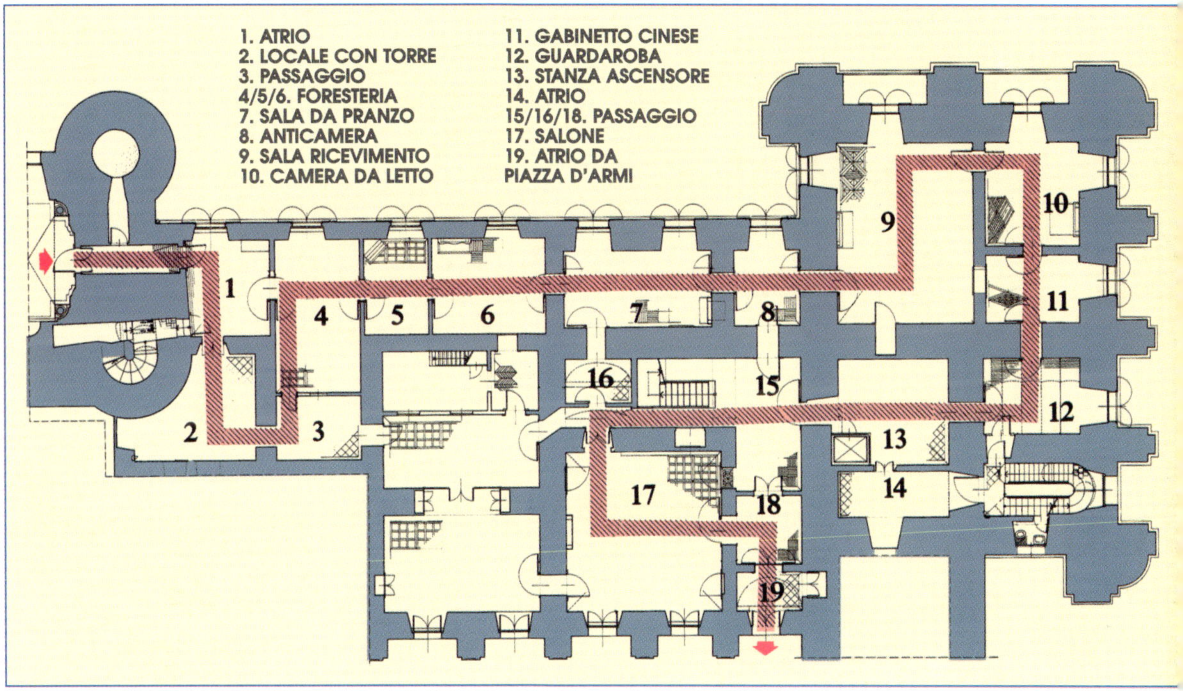

La serie delle stanze situate al piano terreno, nell'ala sud-ovest del corpo principale del castello, è detta "appartamento di Maria Letizia". In realtà soltanto una parte di tali ambienti fu abitata da Maria Letizia di Savoia Napoleone, figlia della principessa Clotilde, e anche i mobili sono riferibili solo in parte al suo soggiorno[1].

*Soprintendenza per il Patrimonio Storico, Artistico e Demoetnoantropologico del Piemonte

Sala da pranzo, soffitto, porte e sovrapporte del XVIII secolo

Al tardo Settecento risale l'ornamentazione dei soffitti delle principali sale, che insieme con alcuni camini, porte e sovrapporte (benché spesso non originari di questi ambienti) ci dà un' idea della raffinata decorazione del castello di Moncalieri ai tempi del re Vittorio Amedeo III. In particolare quest'appartamento fu riallestito nel 1788-1789 per le nozze del Duca d'Aosta (il futuro re Vittorio Emanuele I) con Maria Teresa d'Asburgo Este. Purtroppo le *boiseries* e gli arredi, realizzati da *équipes* dirette dagli architetti Piacenza e Randoni (con l'intervento di scultori quali Bonzanigo, Gianotti e numerosi altri), andarono perduti o dispersi nel periodo napoleonico[2].

Foresteria (1-4-5-6)

Si tratta di quattro stanze attraverso le quali si accede al vero e proprio appartamento: comprendono ingresso, sala da pranzo, salotto, camera da letto. La prima stanza dà anche accesso a un locale nel quale durante i restauri del 1989-90 si è scoperta una terza torre del castello medievale[3].

Negli ambienti sono collocati mobili ottocenteschi di varia provenienza. Il salotto è arredato con un divano e sedie Thonet, già nell'Ufficio di Direzione della Real Casa.
La camera da letto si segnala per il soffitto dipinto con trofei e medaglioni con profili classici (riferibile al riallestimento del 1788-89) e per le porte ornate di motivi alla greca, tipici esempi di età carloalbertina, verosimilmente disegnati da Pelagio Palagi. Sul cassettone spiccano due candelieri di bronzo dorato, in stile neo-rococò, raffiguranti una dama e un cavaliere in abiti settecenteschi. Tali opere, databili all'ultimo quarto dell'Ottocento e attribuibili a manifattura francese, furono lasciate per testamento nel 1973 dal generale Renato Truchetti, insieme con vari altri arredi già avuti in dono dalla principessa Maria Letizia.

Sala da pranzo (7)

L'ambiente, di forma rettangolare, è quasi una piccola galleria, sottolineata dalla decorazione del soffitto, dipinto con una scena allegorica nel riquadro centrale e coppie di chimere nei rettangoli delle testate.
La scena al centro ha per protagonista una figura femminile armata che cavalca un leone, probabile allegoria delle virtù militari. I colori tenui, i fondi chiari e i motivi decorativi floreali e geometrici (tra cui i rombi ornati di visi femminili) sembrano rimandare al gusto moderatamente classicista, orientato verso modelli francesi e inglesi, di cui fu interprete presso la corte sabauda Leonardo Marini. Le figure allegoriche si apparentano a quelle dipinte da Giovanni Comandù nell'appartamento dei Duchi d'Aosta nel Palazzo Reale di Torino [4].
Sempre settecentesche, ma ancora rococò, sono le porte con sovrapporte raffiguranti fiori, attribuite a Francesco e Paolo Maria Antoniani, documentati per sovrapporte con fiori eseguite nel 1775 per il castello [5].
Un bell'esempio di mobile "Luigi XV" (benché non originario di quest'ambiente) è costituito dal cassettone impiallacciato e intarsiato con eleganti *appliques* di bronzo dorato che rimandano a modelli francesi. Su di esso è collocato un orologio neo-rococò in bronzo dorato raffigurante due amorini di Bacco. L'opera, riferibile a manifattura francese di fine Ottocento, fa parte del citato lascito Truchetti [6].
Tra fine Seicento e inizi Settecento si può datare il dipinto con *Fiori*, attribuito a scuola olandese [7]. La più recente presenza sabauda nel castello, ai tempi della principessa Clotilde e della figlia Maria Letizia, è infine evocata dal paracamino con figure di bambini dipinte a monocromo su carta, delicata opera di gusto tardoromantico [8].

Sala da pranzo, soffitto dipinto su probabile progetto di Leonardo Marini, fine XVIII secolo

Anticamera (8)

Il soffitto di questa stanza, a partiture geometriche con decorazioni floreali, frecce entro anelli, fiaccole, faretre, strumenti musicali e figure mitologiche nei medaglioni angolari, si può riferire al citato allestimento del 1788-89 per le nozze dei Duchi d'Aosta[9]. Tra i pochi arredi, provenienti da altri ambienti, spicca il dipinto raffigurante un *Vaso di fiori*, attribuito a pittore fiammingo attivo tra la fine del Seicento e l'inizio del Settecento[10].

Sala di ricevimento (9)

Le decorazioni pittoriche della volta e gli infissi risalgono alla seconda metà del Settecento, e ci consentono di farci un'idea, sia pure per frammenti, degli ambienti del castello ai tempi del re Vittorio Amedeo III[11]. Le iniziali del sovrano compaiono sul cornicione, e le decorazioni della volta, dipinte a *grisaille* con medaglioni contenenti profili classici entro ornati fitomorfi, si possono anche qui riferire agli interventi degli architetti Piacenza e Randoni.

Sala di ricevimento, camino, porta e sovrapporta del XVIII secolo. Il dipinto sopra il camino è attribuito a Giacomo Rossignolo, fine del XVI secolo

A epoca precedente risalgono le sovrapporte dipinte con fiori ed elementi architettonici, attribuite a Michele Antonio Rapous, documentato a Moncalieri per decorazioni di arredi e sovrapporte intorno al 1775[12].
Di tardo Settecento è anche il camino di marmo bianco, di austero classicismo, mentre il dipinto che lo sovrasta, raffigurante forse il re Pirro, è stato recentemente attribuito a Giacomo Rossignolo, pittore di corte di Emanuele Filiberto e di Carlo Emanuele I[13].
Tra i mobili, provenienti da vari ambienti del castello, spicca per la preziosità delle impiallacciature e delle *appliques* di bronzo dorato la coppia di cassettoni con croci e nodi sabaudi, attribuibile a ebanista piemontese di fine Settecento, ispirato a modelli francesi "Luigi XVI".
Di un neoclassicismo più avanzato, ormai decisamente "Impero", sono i due monumentali divani con guarnizioni in legno dorato formanti bocce e pigne che coronano le strutture verticali di queste piccole architetture. Si tratta probabilmente di opere di età Restaurazione, mentre ancora più tarde, dei tempi di Carlo Alberto, sono le quattro sedie in mogano con schienale a giorno e le altre, *en suite* con due poltrone, recanti nella traversa superiore una decorazione fogliata che è quasi una sigla dell'ebanista Enrico Peters[14].
Particolarmente degni di attenzione sono infine, in questa sala, i due dipinti raffiguranti una *Battaglia* e il *Mercato di Moncalieri*. Il primo è attribuito al pittore seicentesco Antonio Maria Gherardini, mentre il secondo è stato riferito a Pietro Bolckman (o Borgomans), attivo in Piemonte tra fine Seicento e inizi Settecento[15]. La veduta di Moncalieri è anche un importante documento storico, con la raffigurazione del castello e del ponte sul Po che fu determinante per la vita e la stessa nascita della città[16].

Sala di ricevimento, sovrapporta attribuita a Michele Antonio Rapous. In alto, nella stessa sala, Il Mercato di Moncalieri, *attribuito a Pietro Bolckman, fine del XVII secolo*

Camera da letto della Principessa (10)

È questo l'ambiente più vicino al "vissuto" di Maria Letizia di Savoia Napoleone, essendo arredato con mobili che furono usati dalla principessa nell'ultimo periodo della sua vita.
Si tratta di un ampio servizio in stile "neo Luigi XVI", di legno intagliato, laccato e dorato, acquistato nel 1910 e recante il marchio del mobiliere torinese Giacomo Borra[17]. Comprende, oltre al letto e al comodino, il divano, le sedie, il cassettone con specchiera, lo scrittoio e la specchiera sopra il camino (più alcuni pezzi collocati in altre stanze).
La decorazione della volta, con ornati vegetali, medaglioni con profili classici, scene allegoriche, si lega invece all'allestimento del 1788-1789

Camera da letto della principessa, servizio del mobiliere Giacomo Borra, 1910 circa. Paravento fine XVIII secolo

per le nozze dei Duchi d'Aosta. Lo stesso paravento con cornice intagliata e dorata, di disegno "Luigi XVI" e di esecuzione assai raffinata, si può annoverare tra le opere degli scultori in legno attivi nelle residenze sabaude alla fine del Settecento[18].

Gabinetto cinese (11)

Questa stanza si può identificare con il Gabinetto di Toeletta "alla China" realizzato nel 1788-89 su disegno degli architetti Piacenza e Randoni per l'appartamento destinato alla Duchessa d'Aosta. Di tale intervento sopravvive solo il bel soffitto, dipinto con cineserie entro partiture geometriche collegate con la *boiserie*, andata perduta ma testimoniata dai documenti e dai disegni dei progettisti[19].

Le attuali decorazioni lignee alla cinese (la preziosa porta con pannelli laccati raffiguranti fiori, piante e uccelli, le fasce arabescate in oro e argento, i frammenti di lambriggio decorati con lacche), benché risalgano al Settecento, sono da riferire al riarredo del castello effettuato dopo le spoliazioni napoleoniche, con successivi adattamenti e modifiche fino ai restauri del 1971[20].
Alla moda neo-rococò affermatasi nella seconda metà dell'Ottocento si ispirò l'arredo dell'ambiente quando questo fu trasformato in stanza da bagno. Ne è testimonianza il lavabo con specchiera (adattato nel 1971 a *console*) ornato di ricchissime decorazioni in legno dorato.
Anche la poltrona intagliata e dorata, già in Palazzo Reale nel 1880, poi registrata a Moncalieri nella camera da letto del Principe Vittorio Napoleone (fratello di Maria Letizia), è un fastoso mobile neo-rococò.
Un autentico e raro arredo *rocaille* è invece il lampadario in ferro battuto ornato di fiori in latta dipinta, tipico della produzione piemontese di seconda metà Settecento.

Gabinetto cinese: a lato, porta con pannelli laccati, XVIII secolo; in alto, lampadario con fiori in latta dipinta, XVIII secolo; in basso, soffitto dipinto con cineserie su progetto di Giuseppe Battista Piacenza e Carlo Randoni, 1789 circa

Guardaroba (12)

L'ambiente, privo di arredi di particolare rilievo, prende il nome dall'armadio ottocentesco che vi è collocato.

Stanza dell'ascensore[21] (13)

Stanza dell'ascensore che collegava l'appartamento di Maria Letizia con quello della principessa Clotilde

L'ascensore si può datare all'epoca del soggiorno della principessa Maria Letizia e della madre principessa Clotilde: serviva infatti a collegare quest'appartamento con quello di Clotilde di Savoia, ubicato al primo piano.
Alle pareti della stanza sono appesi sei ritratti equestri di principi sabaudi: si tratta di opere appartenenti a una serie (in parte ora conservata a Racconigi) che ornava una galleria dello stesso castello di Moncalieri. I dipinti sono ritenuti copie seicentesche di raffigurazioni genealogiche commissionate dal duca Carlo Emanuele I agli inizi del Seicento. A tale epoca rimandano in particolare le tipologie e i decori delle armi e delle armature indossate da alcuni cavalieri[22].

Stanza di passaggio (18)

È un ambiente di forma rettangolare, il cui soffitto presenta una decorazione a girali floreali, confrontabile con altre di quest'appartamento. Su una parete si trova il ritratto equestre di *Filippo I di Savoia principe d'Acaia*, che fa parte della serie considerata nella stanza precedente.

Salone (17)

L'ambiente, privo di arredi, è stato recuperato negli ultimi anni. Il camino ornato con teste d'ariete e il soffitto con scene classiche tra girali di vite e amorini risalgono alla fine del Settecento. Al severo classicismo del camino, di equilibratissima architettura, fa contrappunto sulla volta la grazia quasi *rocaille* degli amorini e delle figure mitologiche entro le mandorle, ancora legate al gusto del Marini (purtroppo deperite). L'aquila dipinta al centro suggerisce di collegare anche questo soffitto agli interventi di riallestimento per le nozze dei Duchi d'Aosta: il motivo ritorna infatti in vari disegni di Piacenza e Randoni per le *boiseries* dell'appartamento[23]. Su una parete della stanza è stata collocata una specchiera con cornice di legno intagliato e dorato, a girali floreali, databile al primo Ottocento[24]. Il dipinto sopra il camino, raffigurante *Filippo II duca di Savoia*, fa parte di una serie di raffigurazioni dei principi sabaudi e delle loro consorti iniziata ai tempi di Vittorio Amedeo III dai pittori Vittorio Amedeo Grassi e Giovanni Panealbo, destinata alla galleria di ponente del castello[25].

Stanza dell'ascensore, Carlo Giovanni Amedeo, *duca di Savoia dal 1490 al 1496 in un ritratto equestre del XVII secolo*

Salone, camino databile al 1789 circa. Il dipinto del XVIII secolo ritrae Filippo II Senzaterra, *duca di Savoia dal 1496 al 1497*

Note

1. Per la stesura di questo scritto mi sono avvalso, oltre che dei testi citati più avanti, della schedatura condotta nel 1993 da Elena Pianea, con finanziamento della Soprintendenza per i Beni Ambientali e Architettonici, sotto la direzione di Cristina Mossetti della Soprintendenza per i Beni Artistici e Storici (sulla scorta anche delle ricognizioni inventariali di Barbara Fioravanti ed Elena Ragusa, del 1982). Alle schede, conservate in copia presso l'Ufficio Catalogo della SBAS, si rimanda per tutti i riferimenti documentari.
Un quadro d'insieme sulle provenienze e sugli spostamenti degli arredi è fornito da C. E. BERTANA, *Note sull'arredo degli appartamenti reali del castello di Moncalieri nel XIX e XX secolo*, in F. PERNICE (a cura di), *Il castello di Moncalieri: restauri 1989-1990*, Torino 1991, pp. 103-118. Sui restauri del 1971, si veda R. TARDITO AMERIO, *Gli appartamenti reali del castello di Moncalieri*, Torino 1971.

2. Sui disegni di Piacenza e Randoni, ritrovati da Michela di Macco nel 1980 presso la Biblioteca Civica di Torino (misc. Bosio 145), si veda la scheda di P. ASTRUA e M. DI MACCO in E. CASTELNUOVO - M. ROSCI (a cura di), *Cultura figurativa e architettonica negli Stati del Re di Sardegna, 1773-1861*, Torino 1980, vol. I, pp. 98-100. I documenti sugli scultori in legno attivi a Moncalieri (con vari disegni progettuali di Piacenza e Randoni), sono pubblicati in G. FERRARIS, *Giuseppe Maria Bonzanigo e la scultura decorativa in legno a Torino nel periodo neoclassico (1770-1830)*, Cavallermaggiore 1991. Per una serie di disegni di Palmieri commissionati da Vittorio Amedeo III, già collocati nel Gabinetto di lavoro del Duca d'Aosta, si veda F. DALMASSO - C. BERTOLOTTO, *Palmieri in cornici di Bonzanigo*, in "Studi sul neoclassicismo", III, Torino 1992, pp. 80-84 (numero speciale di "Antologia di Belle Arti", n. 39 -42, 1991-92). Sulle trasformazioni del castello nell'ultimo quarto del Settecento si veda M.G. VINARDI, *Architetti e maestranze nel cantiere del castello di Moncalieri*, in F. PERNICE (a cura di), *Il castello di Moncalieri*, cit., pp. 71, 72, 80; Id., in C. ROGGERO BARDELLI, M.G. VINARDI, V. DEFABIANI, *Ville sabaude*, Milano 1990, pp. 290-91, 294.

3. Per gli arredi si veda R. TARDITO AMERIO, *Gli appartamenti reali del castello di Moncalieri*, cit., p. 6; C. E. BERTANA, *Note sull'arredo*, cit., p. 107, 117.
Sulla torre ritrovata, si veda F. PERNICE (a cura di), *Il castello di Moncalieri*, cit., passim.

4. Sui disegni di Marini, individuati da Mercedes Ferrero Viale presso la Biblioteca Reale di Torino (Ms varia 218), si veda M. FERRERO VIALE, *Decorazioni e progetti di Leonardo Marini per decorazioni eseguite in palazzi di Casale*, in *Quarto Congresso di Antichità e d'Arte (Casale Monferrato 1969)*, Casale Monferrato 1974, pp. 485-504. Si vedano in particolare il bellissimo paravento e relativo disegno progettuale eseguiti proprio per Moncalieri, o il disegno per il soffitto dell'Alcova del Principe di Piemonte, nello stesso castello. Per quest'ultimo, si veda C. PALMAS in AA. VV., *Orologi negli arredi del Palazzo Reale di Torino e delle residenze sabaude*, Milano 1988, fig. a p. 13. Sul paravento, si veda M. FERRERO VIALE, *Disegni*, cit., fig. 18; V. VIALE, *Mostra del barocco piemontese*, III, Torino 1963, tav. 282; R. TARDITO AMERIO, *Mostra di Opere d'Arte restaurate e poco note del Palazzo Reale di Torino*, Torino 1969, fig. 19 (che riproduce anche il retro, con arabeschi su fondo bianco e cartelle ornate di visi femminili); G. FERRARIS, *Giuseppe Maria Bonzanigo*, cit., pp. 85-86. Sul Comandù, attivo con Giovenale Bongiovanni per gli appartamenti dei Duchi d'Aosta a Palazzo Reale e a Moncalieri, nel 1788-89, si vedano le schede di P. ASTRUA e M. DI MACCO in E. CASTELNUOVO - M. ROSCI (a cura di), *Cultura*, cit., pp. 104-107.

5. R. TARDITO AMERIO, *Gli appartamenti reali*, cit., p. 6

6. S. BARBERI e G. BRUSA in AA. VV., *Orologi*, cit., pag. 300

7. R. TARDITO AMERIO, *Gli appartamenti reali*, cit., p. 6.

8. Il paracamino proviene da altri ambienti. Si veda la scheda di E. PIANEA presso SBAS, Torino.

9. Fiaccole e faretre, simbolo d'amore, sono dipinte in particolare nel soffitto della finestra. Il motivo si ritrova ad esempio negli intagli eseguiti da Bonzanigo, su disegni di Piacenza e Randoni, per la Camera d'Udienza e il Gabinetto Boudoir della Duchessa d'Aosta nel Palazzo Reale di Torino. Si veda C. BERTOLOTTO - V. VILLANI (a cura di), *Giuseppe Maria Bonzanigo - Intaglio minuto e grande decorazione*, Catalogo della mostra ad Asti, Torino 1989, tav. XXII, figg. p. 188; G. FERRARIS, *Giuseppe Maria Bonzanigo*, cit., tav. XVIII, figg. p. 79.

10. R. TARDITO AMERIO, *Gli appartamenti reali*, cit., p. 6.

Salone, particolare del soffitto dipinto, 1789 circa

11. Porte e sovrapporte non sono originarie di questo ambiente, poiché i documenti di pagamento e i disegni di Piacenza e Randoni per quest'appartamento, destinato ai Duchi d'Aosta, si riferiscono a porte rigorosamente neoclassiche. Si veda G. FERRARIS, *Giuseppe Maria Bonzanigo*, cit., passim, fig. a pag 179.

12. R. TARDITO AMERIO, *Gli appartamenti reali*, cit., p. 5.

13. G. GALANTE GARRONE, voce "Dolce Pietro", in *Dizionario biografico degli italiani*, vol. 40, Roma 1991, p. 409; G. ROMANO, *Artisti alla corte di Carlo Emanuele I: la costruzione di una nuova tradizione figurativa*, in G. ROMANO (a cura di), *Le collezioni di Carlo Emanuele I*, Torino 1995, pp. 14-16.

14. Sul Peters, si vedano le schede di E. BACCHESCHI in E. CASTELNUOVO - M. ROSCI (a cura di), *Cultura*, cit., vol. II, pp. 643- 636; vol. III, pp. 1472-1473.

15. R. TARDITO AMERIO, *Gli appartamenti reali*, cit., p. 5

16. Sulle origini della città, C. BERTOLOTTO , *Moncalieri medievale: una forma urbana sui percorsi della strada di Francia*, in G. SERGI (a cura di), *Luoghi di strada nel medioevo - Fra il Po, il mare e le Alpi occidentali*, Torino 1996, pp. 247 -261.

17. Si veda la scheda di E. PIANEA presso SBAS, Torino.

18. Si confronti ad esempio la cornice con quella del citato paravento «eseguito per il Re a Moncalieri» disegnato dal Marini (ora a Torino, Palazzo Reale, Appartamento di Madama Felicita). Si veda anche la nota 4.

19. Si veda il saggio di Paolo Cornaglia in questo stesso volume.

20. *Ibidem*.

21. Questa stanza e le successive, in passato non visitabili, sono qui indicate con denominazioni provvisorie. Esse sono state restaurate negli anni 1989-90 sotto la direzione di Francesco Pernice; i lavori sono descritti in F. PERNICE (a cura di), *Il castello*, cit.

22. G. ROMANO, *Le origini dell'armeria sabauda e la Grande Galleria di Carlo Emanuele I*, in F. MAZZINI (a cura di), *L'Armeria Reale di Torino*, Busto Arsizio 1981, pp. 15-29 (in partic. p. 28); A. M. BAVA, *La collezione di pittura e i grandi progetti decorativi*, in G. ROMANO (a cura di), *Le collezioni*, cit., pp. 234 - 235.

23. G. FERRARIS, *Giuseppe Maria Bonzanigo*, cit., figg. a p. 126, 152.

24. La specchiera proviene dalla spoliazione del Palazzo Ducale di Modena dopo il 1860 e risulta presa in carico, con altre analoghe, negli inventari di Moncalieri del 1880 conservati presso la SBAAP. Si veda F. PERNICE (a cura di), *Moncalieri: il Castello, passato e presente*, Torino 1992.

25. C.E. BERTANA, *Note*, cit., pp. 105-106, 117-118.

"ALLA CHINA": I GABINETTI CINESI DI VENARIA REALE NEL CASTELLO DI MONCALIERI

di **Paolo Cornaglia**

Aussi le château de Moncalier a toujours été préferé parmi les autres maisons de campagne de la maison de Savoie, pour la bonté de l'air qu'on y réspire. Le Roi Victor Amédée III, qui aimait à y passer la belle saison, l'avait agrandi, et en avait ordonné la distribution des appartemens, dont le mobilier était magnifique. Leonard Marini en avait donné les dessins. On y admirait les portrait des Princes de la maisons de Savoie et plusieurs ouvrages de Collini et de Bernero. Le Français ayant occupé ce château, il fut degradé au point d'etre changé en caserne, et ensuite en hôpital militaire; les ordres sont donnés pour sa restauration.

Nella descrizione che Modesto Paroletti ci lascia in *Turin et ses curiosités*, guida edita nel 1819 e quindi testimone delle prime iniziative architettoniche e decorative della Restaurazione[1], il castello di Moncalieri appare come uno dei siti reali a cui la Corte ha inteso mettere mano per recuperarne funzionalità e decoro. A fronte dei danni e delle spoliazioni perpetrati in epoca napoleonica si cerca di restaurare e riportare a dignità questa residenza, sia attraverso nuovi interventi sia mediante la ricomposizione, in quegli appartamenti, di arredi fissi provenienti da altri palazzi[2]. È nel 1816 che iniziano[3] i lavori di «Ristaurazione e ricostruzione del Castello di Moncalieri». Carlo Giuseppe Pozzo è pagato per l'opera di Soprastante svolta per trenta giorni nel mese di settembre. Una delle prime opere affrontate è quella della ricostruzione dello scalone d'onore. Altri lavori, invece, riguardano più direttamente gli appartamenti, e vengono effettuati nel 1817.

Segnale di questa attività diffusa, che va dal rifacimento di serramenti al riarredo delle stanze con *boiseries* e porte volanti, è dato dal pa-

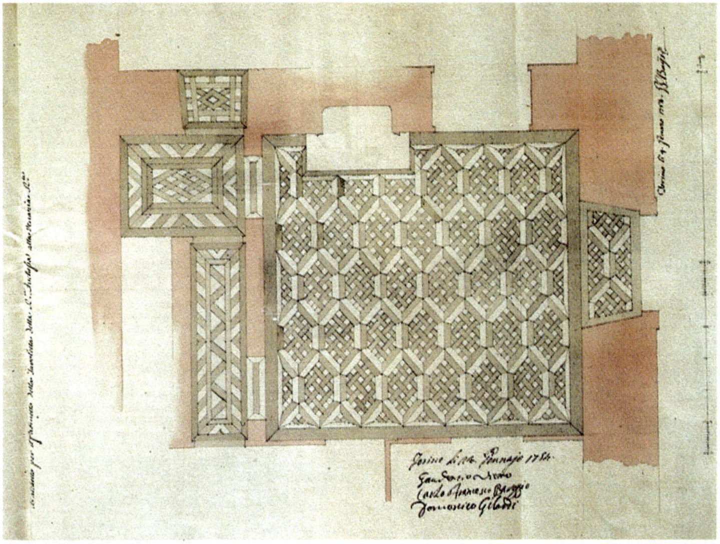

Giuseppe Giacinto Bays,
Palchetto del Gabinetto della Tavoletta della R.le Duchessa alla Venaria Reale,
9 gennaio 1754 (Torino, Archivio di Stato). Il tratto di pavimento a spina di pesce (in basso, a sinistra) è oggi reimpiegato nella camera d'angolo dell'appartamento della principessa Clotilde a Moncalieri

gamento al falegname Maurizio Aribone di giornate per «tagliamento di pezzi d'assi di noce per formar tasseli per le chiambrane e porte volanti, e far li incastri e affermarli le pate per affiggerli al muro». Il dato è significativo, in quanto questi riferimenti a porte volanti sono da collegare a un importante documento del 1817, che ricapitola tutti gli arredi fissi estratti da altre residenze e che potevano concorrere a ridecorare il castello di Moncalieri. Nello *Stato degli effetti esistenti ne' magazzeni di questi Reali Palazzi li quali mediante le necessarie riparazioni potrebbero utilmente servire per il Real Castello di Moncalieri* emerge la filosofia del recupero che in parte ha sempre contraddistinto gli interventi nei cantieri di corte, ma che in questi primi anni di Restaurazione sembra essere prosecuzione di quanto fatto in epoca francese, periodo in cui a spoliazioni selvagge si sono affiancati precisi progetti di ridecorazione effettuati a spese di altri palazzi. Porte volanti, chiambrane e camini di marmo sono indicati come provenienti da Venaria Reale, dal Palazzo Reale (Nuovo appartamento della regina), da Agliè, da altre residenze, e dallo stesso castello di Moncalieri (54 porte)[4]. Il trasporto di questo ingente materiale alla volta di Moncalieri è registrato a più riprese nel 1817. Fra il 4 e il 10 settembre Francesco Parodi è impegnato a «estrarre da R. Magazzino sul bastion verde li fornelli di marmo che vi esistevano, nel farli caricare e diligentemente trasportare nel R.le Castello di Moncalieri», tra l'11 luglio e il 5

agosto, invece, Carlo Vietti aveva smantellato e fatto trasportare a Moncalieri «tutte le porte, chiambrane, lambriggi, palchetti, cornici, cornicioni, fornelli, ghise e altri ferri, che esistevano nel R.le Palazzo della Venaria», continuando l'opera scientifica svolta sotto la direzione francese (anni 1810-1813)[5].
Anche se un lavoro di ricognizione su vasta scala deve essere ancora completato, è già possibile indicare alcuni piccoli frammenti di palchetto provenienti da Venaria Reale e reimpiegati in Moncalieri. Si tratta di porzioni di pavimento nella stanza angolare dell'appartamento della principessa Clotilde, al primo piano della torre sud-ovest. L'ambiente, indicato come «camera da letto di S.M.» secondo l'inventario del 1824, presenta un pavimento composto da zone a partiti decorativi non omogenei: la parte verso facciata è realizzata a rombi, mentre quella rimanente, di dimensioni minori, è somma di cinque piccoli settori a disegni più complessi e diversi fra loro. La commistione di differenti composizioni geometriche si spiega con la presenza – fino al 1823 – di due piccoli camerini, un «Pregadio» e una gabinetto per la «cadrega», i cui pavimenti diversi dalla camera, una volta tolti i tramezzi e realizzato un solo ambiente più grande, spiccano incongruamente. Confrontando queste strisce di palchetto, molto particolari, con alcuni disegni di pavimenti per Venaria Reale, si possono ottenere i primi riconoscimenti: i due settori a losanghe provengono infatti da vani di porte e porte-finestre della camera di ricevimento del duca di Savoia, quello a triangoli e rombi proviene invece dal corridoio retrostante il gabinetto di toeletta della duchessa di Savoia.
Ma al di là dei piccoli frammenti riconoscibili mano a mano nei numerosi ambienti del castello, un passo del citato documento indirizza verso la ricerca in Moncalieri di arredi fissi fra i più preziosi fra quelli presenti in Venaria Reale: i gabinetti cinesi. Questo complesso di *boiseries* e lacche orientali, che risulta immagazzinato nei Reali Palazzi di Torino intorno al 1817, viene così descritto:

Boesaggi imperfetti de' seguenti Gabinetti dipinti alla Chinese provenienti dal Castello di Venaria Reale. Gabinetto a lato alla Camera del Letto del S.r Principe di Piemonte composto di otto Panelli, quattro Portevolanti senza serrature, due delle quali con sopraporte, il tutto con cornici sculturate, e dorate, Gabinetto di mezzo composto di sei Pannelli e di due piccole Portevolanti come sovra, e senza serrature, Gabinetto della Toeletta della Principessa di Piemonte composto di nove Pannelli, cinque Porte Volanti, delle quali tre con sovraporta, e del Lambriggio,

Moncalieri, castello, Appartamento di Maria Letizia, Gabinetto cinese. Francesco Servozelli (?), 1754, e Michele Rapous (?), 1791 (restauri e integrazioni), porta volante laccata alla cinese proveniente dal gabinetto di toeletta della duchessa di Savoia a Venaria Reale (Torino, archivio fotografico SBAAP)

il tutto guarnito con cornici sculturate, e dorate. Gabinetto detto Bodoir composto di otto Panelli, una porta compita, due Semplici Chiambrane con sopraporta.

Il trasporto a Moncalieri di questi gabinetti cinesi avviene fra il 9 e il 22 luglio 1817. Opera il falegname Felice Masazza, pagato L. 267.75 per «estrarre dai Regi magazzeni esistenti sul bastion verde tutte le porte, chiambrane e lambriggi, come altresì nel far discendere li boesaggi di quattro gabinetti alla china, li quali esistevano collocati in una soffitta alla sommità del Reale Palazzo, non meno che per far ascendere tutti li palchetti, che erano situati nei sotterranei, e quindi ogni cosa fatta diligentemente caricare e trasportare al R.le Castello di Moncalieri [...] e fattagli regolarmente distendere nelle gallerie superiori di quel Reale appartamento».
Non abbiamo notizie precise sul luogo in cui, in quell'anno, vennero reinstallati porte, pannelli e lambriggi alla cinese, ma il citato inventario dei quadri presenti nel castello, stilato poco dopo la morte di Vittorio Emanuele I, indica la presenza di una «Galleria Chinese». Si tratta della galleria dell'appartamento del re [6], rivolta a mezzogiorno, arricchita inoltre da quattordici arazzi. Già nel successivo inventario del 1860, però, pur conservando traccia del corredo di arazzi, l'ambiente ha perso la primitiva denominazione. Ma sono altri spazi, restaurati da Vittorio Emanuele I in una fase successiva, a rivelare con maggior dettaglio il reimpiego delle *boiseries* alla cinese.

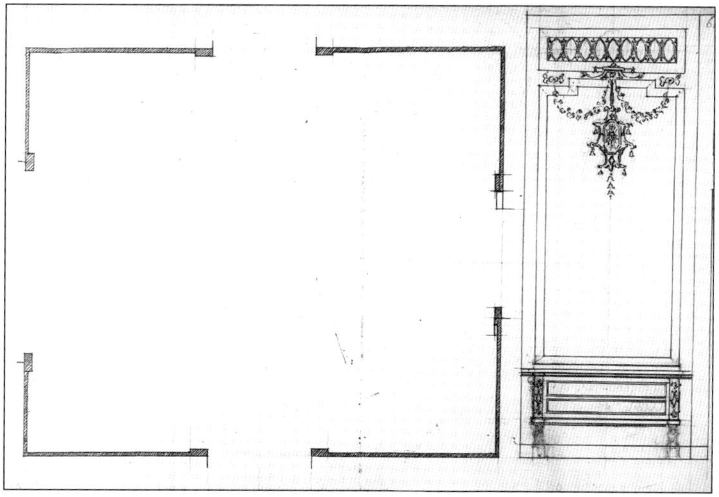

Giuseppe Battista Piacenza e Carlo Randoni, **Progetto per la *boiserie* del gabinetto cinese della Duchessa d'Aosta a Moncalieri *(oggi gabinetto cinese della principessa Letizia), 1788 (Biblioteca Civica di Torino,* Manoscritti Bosio 145*)***

L'appartamento detto "del Duca d'Aosta"

L'attuale appartamento detto "della principessa Letizia", allestito nel 1789 dagli architetti Piacenza e Randoni in occasione del matrimonio del duca d'Aosta (poi Re Vittorio Emanuele I) era evidentemente rimasto al di fuori dei grandi lavori di riattamento prima descritti se solo nel 1823 sono registrati pagamenti «per rendere abitabile l'appartamento detto del Duca d'Aosta al piano terreno». È in questa campagna di lavori che si evidenzia come le *boiseries*, probabilmente quelle non impiegate nella decorazione della «Galleria Chinese» e immagazzinate nell'ex appartamento dei principi di Piemonte (che verrà reso abitabile solo nella seconda metà dell'Ottocento), vengano riattate, anche con integrazioni.
Per il trasporto di arredi fissi da reimpiegare nell'estate del 1823 si registrano pagamenti al minusiere Maurizio Aribone: «giornate di lavoranti n. 4 per trasportare le porte volanti e chiambrane e boesaggi nel vechio appartamento del Duca d'Aosta». In particolare, per quanto riguarda le *boiseries* cinesi è il minusiere Domenico Fossello che opera: «Per aver trasportato le porte, lambriggi e boesaggi alla China che esistevano al Padiglione verso Levante». Nell'ambito di «Lavori e provviste eseguite al piano terreno nell'appartamento nominato di SAR il Duca d'Aosta», pagati L. 999.72 il 22.11.1823, si identificano i termini del reimpiego:

5° Nell'Arcova fatto il soffietto, e li due latterali dei boesaggi vecchi alla China, con averli fatto l'armatura, aggiustato li fianchi e soffitto [...] / 7° Nel gabinetto attiguo, alle due porte volanti alla China fatto due chiambrane, fermate con viti sopra le vecchie [...] e fatto le cornici nuove per mettere sopra alle dette chiambrane [...] / 9° Nella camera da letto si è aggiustato tre porte volanti alla China con averli fatto le cornici nuove attorno alle chiambrane rapportato a una chiambrana lo spessore dietro, di tre quarti a due portine, rifatto le battute contornate e messe in opera con viti con il sovraporta [...] / 12° Nel Gabinetto da Tavoletta alla China, aggiustato due porte volanti sopra, formato un panello, e rillegato con cornice nuova sopra la chiambrana e fatto una chiambrana nuova contornata simile alle altre, e fatto due tellari per li sovraporta [...] / 14° Rilligato attorno il cornicione dorato con averli rapportato diversi pezzi nel freggio / 15° Riportato li panelli al lambriggio, con avergli cangiato vary montanti, assemblati, rilligato il zoccolo, e due tavole rottonde aggiustate.

Giuseppe Battista Piacenza e Carlo Randoni, **Progetto per la *boiserie* del gabinetto cinese della duchessa d'Aosta a Moncalieri *(oggi gabinetto cinese della principessa Letizia), 1788 (Biblioteca Civica di Torino,* Manoscritti Bosio 145*)***

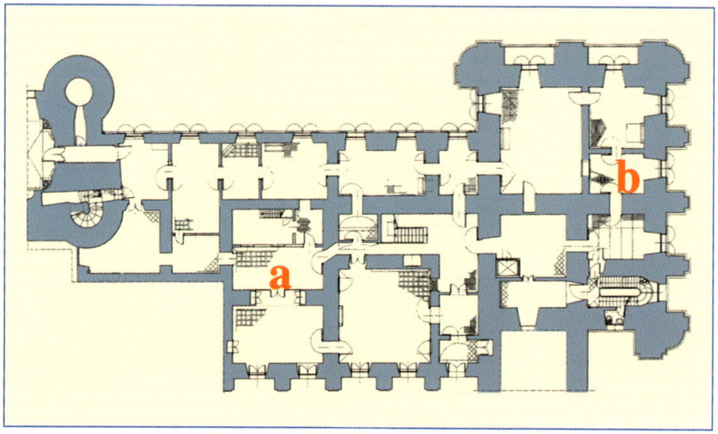

Moncalieri, castello. Pianta dell'appartamento della principessa Letizia al piano terreno. Sono identificabili due dei quattro ambienti che nel 1823 vennero decorati con pannelli e porte alla cinese provenienti dal castello di Venaria Reale: a) alcova, b) gabinetto di toeletta (attuale gabinetto cinese)

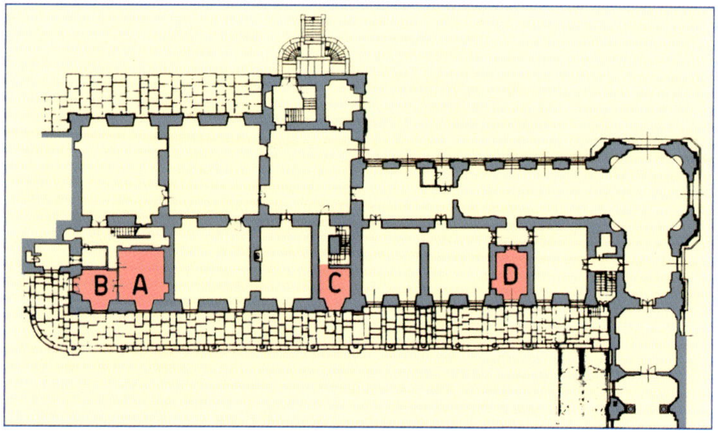

Venaria Reale, castello. Pianta dell'appartamento dei duchi di Savoia al piano terreno. Sono identificati i quattro gabinetti cinesi (1753 ca.) poi rimontati a Moncalieri dopo il 1817: A) gabinetto di toeletta della duchessa, B) boudoir della duchessa, C) gabinetto di mezzo, D) gabinetto a fianco della camera da letto del duca

La prima parte di questo elenco riguarda l'alcova, oggi trasformata in magazzino[7], ma che ancora conserva le tre aperture realizzate con cornici vecchie e la conformazione atta a contenere il letto, mentre l'ultima riguarda il gabinetto di toeletta, ancor oggi visibile nonostante i pesanti e continui lavori di trasformazione che l'appartamento ha subito fino a quando il castello ha cessato di essere dimora sabauda[8]. Sono visibili le integrazioni eseguite per raccordare la chiambrana al cornicione, e il rifacimento della parte superiore del sovraporta. L'insieme di lambriggio e porte volanti, di gusto pienamente alfieriano, appare quindi non a caso discordante dal soffitto di natura tardo settecentesca, frutto di un contesto in cui sono valorizzate le componenti più rigide della matrice orientale. Al soffitto, fino all'occupazione france-

Venaria Reale, castello. Particolare del soffitto del boudoir *della duchessa di Savoia (1753 ca.), di prossimo restauro (locale B)*

se del 1798, si accompagnavano infatti *boiseries* di medesima impostazione, ancor oggi individuabili nei disegni lasciati dagli architetti Piacenza e Randoni. L'identificazione fra quanto presente nel gabinetto cinese di Maria Letizia e gli arredi fissi "alla cinese" di Venaria Reale[9] può essere aiutata da un'analisi di questi ultimi in base ai riferimenti archivistici e alle descrizioni d'epoca.

I gabinetti cinesi di Venaria Reale

L'appartement du Duc de Savoie est tres galant; les curieux en vieux laque y trouveront un beau cabinet dans ce genre; il y a aussi dans l'appartement de la Duchesse de Savoie un cabinet de toilette & un boudoir de pareille matiere: ce dernier est incrusté de pierre de lar.

Così nel 1765 J.J. de Lalande[10] descrive i gabinetti cinesi di Venaria Reale, visitati qualche anno dopo da Edward Gibbon, il quale si sofferma sul salottino della duchessa «rivestito da pannelli di una bella lacca della Cina, pieno di specchi che moltiplicano le stanze»[11].
L'appartamento dei duchi di Savoia, allestito per il matrimonio di Vittorio Amedeo avvenuto nel 1750[12], come quello gemello nel Palazzo Reale di Torino, venne progettato da Benedetto Alfieri, Primo Architetto dal 1739. Inizialmente collocato nel torrione garoviano venne poi ampliato occupando anche la manica aggiunta nel 1753, sempre da Benedetto Alfieri, a raccordo fra palazzo e cappella. L'intervento decorativo inerente ai quattro gabinetti cinesi è da collocarsi in questa

Venaria Reale, castello. Soffitto del gabinetto di toeletta della duchessa di Savoia (1753 ca.), di prossimo restauro (locale A)

seconda fase di lavori. Dai registri in cui sono segnalati i diversi pagamenti alle maestranze emerge il panorama di opere e mestieri: il minusiere Domenico Bosio realizza i telai per gli angoli del *boudoir* della duchessa, gli scultori Felice Tamiati e Giuseppe Gianotti eseguono intagli per tutti e quattro i gabinetti, Bartolomeo Brambilla dipinge quadri di paesaggi, fiori e frutti, insieme alla moglie Anna Caterina Gili, per il gabinetto di toeletta della duchessa, Giovanni Gritella esegue cornici dei lambriggi, e anche nell'attiguo *boudoir*.

Un'analisi più attenta merita, ovviamente, l'elemento centrale di questi piccoli ambienti, la decorazione «alla china». Un invio di lacche cinesi da Vienna, già documentato da Andreina Griseri[13], avvenuto grazie alla mediazione del Conte di Canale nel 1750, potrebbe aver fornito parte dei pannelli utilizzati a Venaria. È noto come i «kabinett de lack» giunti da Vienna fossero due: gli studi svolti in proposito hanno suggerito l'utilizzo di entrambi nel Palazzo Reale di Torino, nell'appartamento dei duchi di Savoia. In realtà oggi possiamo vedere un solo gabinetto cinese completo, accompagnato da un altro ambiente con zoccolo alla cinese, di tipo differente. Il primo ambiente sembra costituito da lacche realizzate in loco (tanto sono aderenti alle forme rococò della *boiserie*), raffiguranti fiori, uccelli, rocce; il secondo, invece, come lo zoccolo nel primo ambiente, presenta pannelli di piccole dimensioni dedicati a scene di genere. Le trasformazioni subite dall'appartamento, comunque, non consentono ipotesi più precise, così come la scomparsa dei gabinetti in Venaria rende difficile legare questo acquisto viennese alle decorazioni «alla China» di Venaria, se non in forma di suggestione. È comunque identificabile una mano sicura per tutti gli interventi "cinesi" in Venaria Reale: Francesco Servozelli, l'autore dei bellissimi decori del gabinetto cinese di Palazzo Chiablese distrutto nella seconda guerra mondiale.

Francesco Servozelli è citato ripetutamente per Venaria Reale. Un primo pagamento risale al 1754, quindi nel 1755 sono registrati «lavori di indoratura alla China e in vernici, per li quattro Gabinetti degli app.ti [...] alla Venaria». Nel 1756 si concludono i pagamenti: «Al Pittore Franc.o Servozelli per saldo d'aver dato le vernici alla china [...] ne due Gabinetti della Toeletta e Bodoir della R.e Duchessa, riaggiustato le tavole...» L. 1467. In totale l'opera di Servozelli viene a costare L. 4367, più L. 583 per l'oro provvisto dalla zecca. Da questi conti non emerge la realtà figurativa dei gabinetti cinesi di Venaria: sono però successive modifiche eseguite nel 1790-91, quando l'appartamento dei duchi di Savoia è ormai in uso ai principi di Piemonte, a consegnarci particolari utili per la necessaria identificazione in Moncalieri.

Il 20 maggio 1791 Michele Rapous è pagato per vari lavori di integrazione e modifica del gabinetto della principessa di Piemonte: «ornamento nella fascia attorno alla chiambrana rappresentante un arabesco cinese», «6 altri panelli novi di lambriggio composti di roccaglie, piante, fiori, e uccelli in basso riglievo dorati», «una fascia che gira intorno ad una Porta volante [...] parte in oro parte in argento»[14].

Venaria Reale, castello. Soffitto del gabinetto a fianco della camera da letto del duca di Savoia (1753 ca.), di prossimo restauro (locale D)

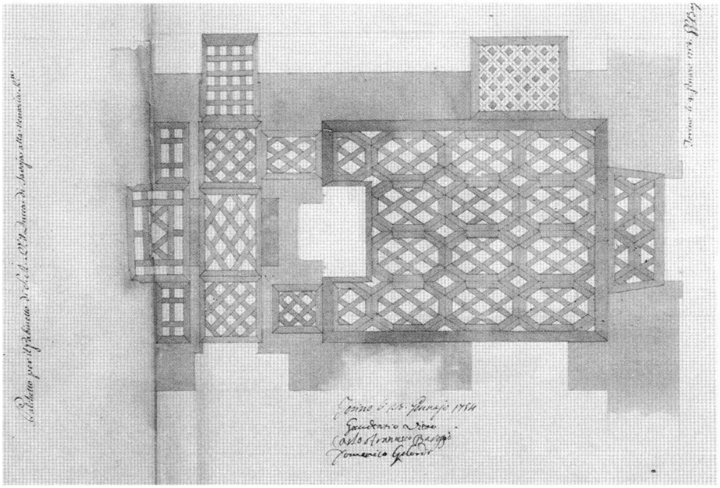

G.G. Bays,* Palchetto per il Gabinetto di S.A.R. il Duca di Savoja alla Venaria R.le, *9 gennaio 1754 (Torino, Archivio di Stato)

In questa pagina e in quella a lato: Roma, Palazzo del Quirinale. Salotto giapponese, realizzato nel 1888 integrando elementi provenienti dal castello di Moncalieri

Da Moncalieri al Quirinale

Il confronto fra la descrizione dei lavori eseguiti da Rapous e la porta laccata del gabinetto cinese di Maria Letizia aggiunge, quindi, elementi definitivi a quanto già indicato dalle fonti sin'ora. Ritroviamo nei pannelli della porta oggi a Moncalieri consonanza con «roccaglie, piante, fiori, e uccelli in basso riglievo dorati» del lambriggio, così come nella chiambrana un «arabesco cinese», e nella porta «una fascia che gira intorno [...] parte in oro e parte in argento». Ritroviamo quindi identità fra questi interventi eseguiti da Rapous nel 1791 nel gabinetto di toeletta della principessa di Piemonte a Venaria (in precedenza gabinetto di toeletta della duchessa di Savoia) e l'attuale gabinetto cinese di Maria Letizia[15]. Ma se è quindi certa la provenienza di questi arredi fissi, tutto ciò è ben poca cosa rispetto alla consistenza dei gabinetti cinesi di Venaria. Mancano all'appello trentun pannelli e nove porte volanti, nonché – in quanto rimasto – gli sfondati dell'intero lambriggio e di due porte su tre. Sono infatti scomparse le porte volanti e la *boiserie* della camera dell'alcova, le porte del gabinetto attiguo e della camera da letto, e così pure non v'è più traccia della «Galleria Chinese» del primo piano. Un documento del 1836 ci informa che tutte le lacche presenti a Moncalieri, e poche altre provenienti dai magazzini, per un totale di settantasette pezzi, vennero trasportate al Palazzo Reale di Torino, nello studio di Pelagio Palagi, «pittore preposto alla decorazione dei Reali Palazzi». Accumulate in previsione di nuovi allestimenti "alla cinese", rimasero inutilizzate e probabilmente ritornarono a Moncalieri.

Le vicende che hanno coinvolto questa residenza dopo l'Unità d'Italia ci spingono a indirizzare le ricerche verso Roma. Il castello sabaudo, in quegli anni, registra nei suoi inventari un'emorragia continua di arredi – lì presenti da tempo o semplicemente concentrati in una sorta di grande Guardamobili – in direzione del Quirinale, la nuova reggia d'Italia che vede crescere i suoi decori interni in un *mélange* di elementi originali e altri spiccatamente neobarocchi. Il cosiddetto "gabinetto giapponese" del Quirinale, alla luce di questa cornice, si candida a essere visto sotto nuova luce, anche perché risulta di nascita tarda, realizzato per il passaggio dell'imperatore di Germania nel 1888, con lacche provenienti proprio da Moncalieri[16]. A conferma giunge l'inventario del palazzo del Quirinale, steso a partire dal 1881, nel quale sono registrati, ancora in deposito nella Cappella Paolina, settantasette pannelli di lacca cinese: lo stesso numero di pannelli presenti nell'elenco del 1836 prima citato.

La strada verso Roma apre un nuovo capitolo nella vicenda dei gabinetti cinesi di Venaria Reale, lungo i fili di una ricerca non ancora conclusa[17] ma che sin d'ora può con certezza, grazie alla presenza di decori identici a frammenti rimasti a Moncalieri, indicarci in questo piccolo ambiente dell'attuale palazzo presidenziale il luogo ove le lacche peregrinanti hanno trovato definitiva collocazione. Il confronto è stringente: fra Quirinale e Moncalieri si ritrovano gli stessi due tipi di fascia decorata ad «arabeschi», ma soprattutto si riconoscono identità fra i particolari dei paesaggi nelle lacche ancora integre alle pareti del palazzo romano (giunche cinesi, elementi di recinzione...) e quelli nei piccoli pannelli residui del lambriggio del gabinetto cinese di Maria Letizia[18].

Le *boiseries* alla cinese di Venaria Reale si rivelano quindi arredo prezioso a cui, attraverso i secoli, mai si è rinunciato. Volute da Vittorio Amedeo duca di Savoia, salvate in epoca francese, reimpiegate da Vittorio Emanuele I, di residenza in residenza hanno seguito il gusto dei sovrani e le vicende politiche del Regno in evoluzione, giungendo infine alla reggia estrema, al Quirinale.

Note

1.M. Paroletti, *Turin et ses curiosités ou description historique de tout ce que cette capitale offre de remarquable dans ses monuments, ses édifics et ses environs*, Turin 1819.

2.Questo scritto costituisce la rielaborazione e l'aggiornamento di *Dopo Napoleone: i gabinetti «Alla China» di Venaria Reale recuperati per Moncalieri* pubblicato su "Studi Piemontesi", novembre 1995, vol. XXIV, fasc. 2., la cui direzione e comitato redazionale voglio ringraziare per la ormai più che quinquennale ospitalità. All'ingegnere Francesco Pernice, all'architetto Franco Ormezzano e al dottor Cesare Enrico Bertana (SBAAP) va un ringraziamento per la cortese disponibilità e le autorizzazioni concesse per ulteriori misurazioni, sopralluoghi e riprese fotografiche nell'ambito di questo studio. Ringrazio infine la dottoressa Paola Caroli e la dottoressa Maria Paola Niccoli per le preziose indicazioni archivistiche suggeritemi.

3.Come riferimenti archivistici per quanto riguarda i lavori intrapresi a Moncalieri in epoca di Restaurazione si possono indicare i seguenti fondi presso l'Archivio di Stato di Torino, Sezioni Riunite: *Real Casa*, cart. 860; *R.C.*, *Mandati Fabbriche*, rg. 1; *R.C.*, *Registri Recapiti 1817-1831*, 1817, rg. 2; *R.C.*, *Parcelle e Conti*, 1823, voll. 21-24; *Inventari Casa di Sua Maestà* n. 197. Inoltre si veda Archivio di Stato di Torino, Corte: *Palazzi Reali*, mz. 2; *Archivio Alfieri*, mz. 29. Sui gabinetti cinesi di Venaria Reale si veda: Archivio di Stato di Torino, *Carte Topografiche*, *III Serie*, cart. 3; Archivio di Stato di Torino, Sezioni Riunite, *R.C.*, *Conti Categorici*, 1754-56; *R.C.*, *Registri Recapiti*, 1791; *Camerale*, art. 217, 1754-56.

4.Che di queste 54 porte volanti solo una risulti «alla greca tutta sculturata» può essere inteso come dato eloquente sulla scomparsa quasi totale, in epoca napoleonica, degli arredi fissi realizzati fra il 1775 ed il 1789 per i principi di Piemonte e i duchi d'Aosta.

5.Si veda P. Cornaglia, *Dalle terrazze del Settecento: i vasi dei Collino dal Castello di Venaria ai Giardini Reali di Torino*; *Stagioni di Marmo: le allegorie di Martinez da Venaria a Palazzo Reale*; *Una cornice incompiuta per le cerimonie dell'Impero: la Galleria del Beaumont negli anni del governo francese* in "Studi piemontesi", vol. XX, fasc. 2, 1991; vol. XXI, fasc. 2, 1992; vol. XXI, fasc. 2, 1993; P. Cornaglia, *Giardini di marmo ritrovati. La geografia del gusto in un secolo di cantiere a Venaria Reale (1699-1798)*, Torino 1994.

6.Attualmente denominato "appartamento della principessa Clotilde".

7.In cui è presente, fra altri arredi fissi depositati, una piccola chiambrana con porta volante alla cinese simile per decori a quelle del salottino di Maria Letizia, frutto quindi dello smembramento dei lavori del 1823 appena descritti. La minor qualità delle pitture induce a pensare questo frammento come parte delle integrazioni subite dal complesso di lacche per il riadattamento agli ambienti di Moncalieri.

8.Scorrendo gli inventari e i testimoniali di stato fra il 1860 e il 1880 e considerando la situazione attuale, si nota come le porte del salottino fossero ora due ora tre, si apprende che gli scuri della finestra erano anch'essi decorati alla cinese (oggi non lo sono più) e che la piccola *console* oggi esistente contro il muro di mezzanotte era replicata da una gemella.

9.Che gli arredi fissi trasferiti nell'ex-appartamento dei duchi d'Aosta siano da intendere come porte e *boiseries* immagazzinate e provenienti da Venaria Reale e non elementi frutto dello smantellamento delle decorazioni degli ambienti in precedenza in uso ai principi di Piemonte a Moncalieri è un fatto accertabile da più elementi. Innanzitutto, anche se risultano decorazioni alla cinese nelle stanze della principessa (tappezzerie e sovraporta per il gabinetto di toeletta nel 1775, «branchi di fiori alla chinese» nella «Galleria Cinese» nel 1792) è noto come tutto l'appartamento fosse improntato al neoclassicismo francesizzante di Leonardo Marini (puntualmente documentato dai disegni autografi della Biblioteca Reale), al punto da essere ammirato dai granduchi di Russia in visita a Torino. Neoclassicismo, quindi, ben lontano dal gusto rococò delle porte oggi presenti nel gabinetto cinese di Maria Letizia.
In particolare il gabinetto di toeletta della principessa di Piemonte era corredato da porte volanti realizzate nel 1784 da Francesco Bolgiè su disegno di Leonardo Marini e caratterizzate da «fioroni, e foglie d'acqua» e nelle traverse «un'aquila a forte riglievo appoggiata sopra due getti d'arabeschi» (G. Ferraris, *op. cit.*, p. 94). Un altro elemento, ancor più preciso, è fornito dall'elenco delle porte disponibili per il restauro di Moncalieri provenienti dal castello stesso: le quattro porte alla cinese non corrispondono dal punto di vista dimensionale e formale a quelle ancor oggi esistenti nel salottino prima citato.

10. J.J. De Lalande, *Voyage d'un François en Italie fait dans les années 1765 & 1766*, Yverdon 1769.

11. E. Gibbon, *Viaggio in Italia*, Milano 1965.

12. Vittorio Amedeo, duca di Savoia, poi Vittorio Amedeo III dal 1773, sposa Maria Antonia di Borbone-Spagna il 12 aprile 1750.

13. A. Griseri, *La cornice e il quadro. Il Palazzo e gli Uffici di Bocca e di Vassella*, in A. Griseri - G. Romano (a cura di), *Porcellane e argenti del Palazzo Reale di Torino*, Milano 1986, p. 72.

14. Gli interventi di tardo Settecento nel gabinetto di toeletta della principessa di Piemonte a Venaria Reale sono già stati studiati, secondo una visuale mirata, da C. Barelli e S. Ghisotti in *Gli interventi del Bonzanigo a Venaria Reale*, in C. Bertolotto, V. Villani (a cura di), *Giuseppe Maria Bonzanigo. Intaglio minuto e grande decorazione*, Torino 1989, p. 151.

15. Che la porta laccata oggi a Moncalieri sia da identificarsi come proveniente dal gabinetto di toeletta della duchessa di Savoia e non da uno degli altri tre ambienti "alla cinese" deriva non solo dagli elementi descrittivi forniti in merito ai lavori di Rapous (peraltro non così significativi in un contesto decorativo probabilmente molto omogeneo fra i quattro gabinetti di Venaria Reale) ma anche da confronti dimensionali. L'ambiente che possiede aperture con misure maggiormente affini a quelle della porta presente nel gabinetto cinese di Maria Letizia è proprio il gabinetto di toeletta di Maria Antonia.

16. È quanto affermato nella guida del palazzo capitolino pubblicata nel 1920 a cura di Enrico Possanti. Se le ricerche da Moncalieri si indirizzano verso Roma, al tempo stesso quelle in corso da parte di un gruppo di studiosi in merito al Quirinale si rivolgono proprio a Moncalieri. La convergenza e la concomitanza dei percorsi di ricerca testimoniano la fondatezza dell'ipotesi. Ringrazio vivamente la dottoressa Luisa Morozzi per le cortesi informazioni circa gli studi in corso, fra cui la nota in merito alla guida del 1920.

17. Non è ancora chiarita, infatti, la configurazione originale dei quattro gabinetti nel castello di Venaria. Le fonti archivistiche consegnano dati quantitativi che non consentono di capire quanto la decorazione dei quattro ambienti fosse unitaria o rispondesse alle diverse funzioni degli spazi. L'esame di questo ambiente della «Manica lunga» del Quirinale, collocato in una zona del palazzo dove maggiore è il reimpiego di arredi fissi provenienti dalle residenze piemontesi (Villa della Regina, in particolare, per tele da soffitto e *boiseries*) ha già comunque fornito una prima serie di indicazioni. L'insieme di lacche – ad esclusione del lambriggio e del fregio frutto di integrazione ottocentesca – appare disomogeneo ma organizzato su quattro serie diverse di decori.
La prima è costituita dalle lacche utilizzate a parete (12 integre, altre 4 associate a piccole specchiere, 2 nello sguincio della finestra), provviste di una scena centrale separata da riquadri superiori e inferiori mediante fasce decorate, probabile smembramento -avvenuto già nel XVIII secolo - di paraventi originali. La seconda è rappresentata dai due pannelli inseriti nel vano della porta, un tempo forniti anch'essi di riquadri superiori e inferiori, oggi coperti da ridipinture. Diversamente dagli altri in questo caso la decorazione è a rilievo, in vari colori, e può essere associata ad alcuni interventi di Bonzanigo e Rapous per il gabinetto della principessa di Piemonte a Venaria Reale documentati nel 1791, presentando in un pannello 7 guerrieri di cui 2 a cavallo, con archi frecce, lance e sciabole. La terza serie è individuabile nei tre pannelli del lambriggio all'interno del vano della finestra, dai riferimenti meno orientali nella scelta dei temi illustrati. L'ultima serie è invece rappresentata dalle sovraporte del gabinetto, divise in due parti verticalmente e forse associabili a tre pannelli decorati alla cinese, uniti a quattro raccordi lignei curvilinei di *boiserie*, oggi conservati nel magazzini del Quirinale.
Occorre ricordare che il *boudoir* della duchessa di Savoia a Venaria Reale possedeva elementi ricurvi supportati da telai lignei.

18. A Moncalieri, nel piccolo pannello di lambriggio (36 x 13) collocato nella parete di ponente, compare una giunca identica a quelle dipinte nei pannelli parietali oggi al Quirinale. Inoltre i frammenti di pannello inseriti a fianco della *console* (7.5 x 36, 8.5 x 36) corrispondono pienamente alla parte superiore delle lacche prima citate.

Roma, Palazzo del Quirinale. Salotto giapponese, particolare. Si riconosce la fascia ad "arabeschi" presente anche nella porta del gabinetto cinese di Moncalieri

IL RESTAURO DELL'APPARTAMENTO DI VITTORIO EMANUELE II

di **Francesco Pernice**

Salendo il grande scalone d'onore[1] si raggiunge il primo piano del padiglione sud-est e si accede all'appartamento reale del re Vittorio Emanuele II. L'appartamento fu parzialmente restaurato nel 1970 insieme a quello della principessa Maria Letizia: a seguito di questo intervento alcuni locali furono adibiti a deposito e magazzino.
I nuovi lavori di restauro hanno permesso di aprire al pubblico anche le stanze meno rappresentative, le cosiddette "stanze degli armadi", ambienti e corridoi per la servitù, le latrine di servizio, che, proprio per la loro caratteristica intrinseca di locali di supporto al personale di servizio, erano ubicati sulle scale secondarie di accesso che conducevano in zone diverse dall'ingresso della corte reale; ripristinando questi passaggi e utilizzandoli quali "vie di fuga", è stato possibile soddisfare le esigenze imposte dalle normative di sicurezza in vigore in caso di incendio.
L'applicazione della normativa di legge – come nell'analogo caso del restauro dell'appartamento della principessa Maria Letizia – ha comportato la realizzazione di un percorso di visita a unico senso di marcia, senza intralci o incroci nel flusso dei visitatori.
Dallo scalone d'onore, sulla sinistra, si accede a una "anticamera", che è stata possibile recuperare, grazie alla disponibilità del Comando del Battaglione Carabinieri[2]. Il locale era stato diviso mediante una tramezza in legno al fine di creare un ambiente adibito a ufficio: l'eliminazione dell'elemento divisorio ha restituito l'originale aspetto decoroso all'intero ambiente, nel quale risalta il camino con tela sovrapposta, accuratamente restaurata[3], e dove è stata montata una grande cornice a specchio, rinvenuta nei magazzini del castello, acquistata dalla casa Savoia a seguito della spoliazione del palazzo ducale di Modena.

Vista dello scalone d'onore.

Anticamera dell' appartamento del re

Sotto: tipologie adottate e passaggi ritrovati e utilizzati per l'esecuzione degli impianti elettrici, come la vecchia rete di "chiamata" della servitù

Dall'anticamera si accede alla cappella privata del re, oggi completamente restaurata, che si presentava in condizioni precarie, essendo stata abbandonata e chiusa per lungo tempo. L'intervento di restauro di questo piccolo ambiente ha restituito allo stesso quel carattere di suggestiva serenità e raccoglimento, tipico di un luogo di culto religioso, grazie anche al riposizionamento in loco dell'altare, che era stato spostato e collocato nella camera da letto dell'appartamento della principessa Maria Clotilde. Dopo un'accurata pulizia dei dipinti e delle decorazioni alle pareti, sono state integrate in sottotono le parti di colore mancanti; soprattutto la fascia bassa dello zoccolo è stata ripristinata con tinteggiatura direttamente sul muro anziché su carta, come era in origine[4].

Proseguendo poi nel percorso di visita, si incontrano successivamente diversi ambienti, in ognuno dei quali è predominante una diversa concezione e un diverso stile di arredamento e allestimento: si passa

cioè dalla sontuosa ricchezza del salotto della regina alla modesta semplicità della stanza degli armadi, ove la servitù doveva dormire in un letto pieghevole, mimetizzato da un'anta dell'armadio, usufruendo di un camino adattato a scaldavivande e di un water ubicato in un angolo del corridoio[5].
Originariamente l'appartamento reale di Vittorio Emanuele II non presentava l'attuale disposizione: infatti, risulta dalle piante di archivio[6], alla data del 1770 circa, che la sua superficie fosse minore, poiché lo spazio oggi occupato da una delle due stanze degli armadi e dalla sala da pranzo ospitava prima una grande terrazza scoperta. Successivamente, fu ricomposta la facciata interna del castello, furono sopraelevate le due terrazze, ubicate agli angoli della manica principale, creando così l'attuale prospetto interno dell'edificio, a esclusione del lungo balcone, che fu costruito agli inizi del 1800, insieme agli alti pilastri che lo supportano. Un ulteriore rifacimento dell'appartamento fu eseguito nel 1864, così come si può riscontrare dalle piante di archivio a firma di Foglietti e Tonta[7]. L'appartamento fu completamente rimaneggiato e fu realizzato un ulteriore accesso per la servitù attraverso la nuova scala creata nel padiglione sud-est. Nel sito della vecchia scala fu montata la toeletta di Vittorio Emanuele II, con una tenda da campo in cinz a fiori, e fu creata una scaletta di servizio in un preesistente vano di passaggio e di collegamento tra questo piano e il piano superiore.
Le metodologie operative applicate ai fini della sicurezza nell'appartamento reale sono state diverse rispetto a quanto già descritto per quello della principessa Maria Letizia; infatti, l'impianto elettrico è stato realizzato in funzione dell'uso cui i locali sono destinati: cioè come percorso museale oppure come percorso di mostra espositiva. Sull'impianto principale del percorso museale si va ad aggiungere un impianto integrativo, occorrente in caso di mostre, pur restando invariata la disposizione del percorso di visita nelle due tipologie di utilizzo, cioè in un unico senso di marcia e senza incroci.
Alla luce di questo principio il quadro generale è stato inserito in uno dei mobili della "stanza degli armadi"; è stato usato un particolare tipo di cavo che, oltre a essere autoestinguente, impedisce l'emanazione di gas tossici in caso di incendio; in altre situazioni ambientali, ovvero quando era necessario passare "a vista", è stato usato il cavo minerale, mimetizzato da cornici o quadri, negli angoli o dietro la *boiserie*.
L'accurata ricerca dei passaggi atti a posizionare i cavi degli impianti ha permesso di scoprire particolari interessanti: rimuovendo una cariatide posta sulla cornice del salotto è stata rinvenuta una rete di "chia-

La cappella privata prima e dopo i restauri

mata della servitù" che, attraverso fori realizzati nei muri e una linea formata da cavetti di acciaio, collegati a bilancini e campanelli, attraversava tutto l'appartamento reale. Questi e altri passaggi, come camini, cavedi, vuoti ubicati dietro le *boiseries*, sono stati sfruttati per realizzare la nuova rete impiantistica, riducendo in tal modo le opere murarie, che in altri casi si sarebbe dovuto realizzare.

L'appartamento reale, alla metà del 1800, proseguiva oltre lo scalone d'onore, fino a ricongiungersi all'appartamento che la principessa Maria Clotilde ha abitato negli ultimi anni della sua vita, ubicato nel padiglione sud-ovest.

Oggi, parte dell'appartamento è adibito a sede di uffici e di rappresentanza del Battaglione dei Carabinieri e viene aperto al pubblico in occasione di mostre e manifestazioni, utilizzando così la grande "anticamera" che copre una superficie di circa 200 mq. Anche in questo appartamento si è dovuto procedere a restauri consistenti, in particolare il recupero di due grandi ambienti: il primo, come già detto, è la grande anticamera[8], denominata dal comando dei Carabinieri "Sala Vittorio Veneto", alla quale si accede dallo scalone d'onore; il secondo è l'atrio della scala seicentesca della manica ubicata a sud-ovest e dalla quale si accede sul retro degli uffici del Battaglione.

Nelle due sale, durante le opere di restauro sono state rinvenute, dopo un'accurata pulizia e indagine stratigrafica, due *boiseries* dipinte, di periodo coevo, ma di diversa fattura: esse sono state restaurate e integrate nelle parti mancanti nelle policromie originali.
Sono poi state restaurate le porte originali, riaprendo i varchi tamponati nel tempo e riattivando quella flessibilità di collegamenti tanto utili negli uffici, e che già esistevano nel passato.
Negli attuali tre appartamenti, divisi alla fine del 1800, si possono no-

tare le varie sovrapposizioni di stili succedutesi nell'arco del tempo, attraverso il riutilizzo delle porte, di pavimenti, trasformazioni comunque derivanti dal gusto con cui il sovrano o il residente durante la sua permanenza al castello desiderava innovare l'arredo o l'ambiente.
Così si possono notare *boiseries* di stile settecentesco, i cui pannelli interni avrebbero dovuto essere dipinti, reinterpretate con tonalità diverse; oppure si possono notare porte, che originariamente dovevano essere di tinta pastello e con riporti in oro, adattate con tonalità tali da inserirsi in ambienti di stile diverso.
L'attenta stratigrafia che ha preceduto ogni intervento di restauro ha riportato alla luce le trasformazioni e le manomissioni avvenute nel tempo: ciò ha permesso di documentare fotograficamente e graficamente, ove possibile, il mutamento, in modo tale che si possa elaborare una "banca dati", di futura utilità alla ricostruzione dei trasferimenti di arredi e delle trasformazioni storiche non riportate dai documenti di archivio frequenti e comuni a tutte le residenze sabaude.

Boiseries *rinvenute in una stanza del Comando del Battaglione prima e durante i restauri, con la scoperta di dipinti e scene di panorami*

A sinistra, fasi di restauro di alcuni locali del Comando con scoperta di porte occluse e* boiseries *nascoste

Note

1. L'attuale configurazione planimetrica dello scalone d'onore risale al rifacimento dello stesso nel 1822 ed è di diverso impianto rispetto a quello di epoca settecentesca. I lavori di restauro intrapresi nel biennio 1991-92 hanno permesso l'interessante scoperta. Si veda F. Pernice (a cura di), *Il Castello di Moncalieri: passato e presente*.
2. Un particolare ringraziamento va rivolto al Comando Generale dell'Arma dei Carabinieri, con il quale dal 1989 si è iniziata una proficua collaborazione finalizzata al recupero del castello e all'apertura al pubblico del museo. Analogamente, va sottolineata la fattiva collaborazione mostrata dai comandanti locali, che hanno fatto fronte alle difficoltà arrecate dall'esigenza del museo alle normali attività della caserma. Un particolare ringraziamento quindi al T.C. Carlo Lepore e al Mag. Igino Pizzamiglio; al T.C. Giorgio Vincenzo Piras e al Mag. Claudio Bonzano; al T.C. Giovanbattista Giacchero e, infine, all'attuale comandante T.C. Paolo Fabiano e al Mag. Medda.
3. La tela, prima del restauro, raffigurava un "paesaggio notturno"; dopo il restauro (consistito nell'eliminazione di contraffazioni del secolo XIX), essa rappresenta un "paesaggio marino all'alba".
4. La descrizione di questo ambiente è riportata dai "Testimoniali di Stato" del 18/8/1908, custoditi presso la Soprintendenza per i Beni Ambientali e Architettonici.
5. La descrizione del water viene riportata nei "Testimoniali di Stato": esso viene descritto come «cesso con sedile a sistema inodoro, detto alla Decher»; poteva essere trasportato e rimosso: il carico dell'acqua avveniva attraverso una tubazione in piombo con rubinetto d'intercettazione finale, che veniva collegato al water.
6. A.S.T., *Corte, Palazzi Reali - Disegni, Moncalieri*, s.t., s.d., ma prima del 1770. Pianta piano primo scala da 0 a 40 trabucchi.
7. A.S.T., *Disegni della Real Casa*, cart. 43, blocco 1; P. Foglietti, *Real Castello di Moncalieri*.
8. Le operazioni di restauro di questo ambiente sono descritte in F. Pernice, *Il castello di Moncalieri: un particolare esempio di mosaico culturale*, in AA. VV., *Studi e restauri per Moncalieri: dipinti dalle collezioni civiche, dalle collezioni sabaude, dalle chiese*, Torino 1995, volume pubblicato in occasione della mostra allestita al castello nell'ottobre 1995 e curata dal Comune di Moncalieri, dalla Soprintendenza per i Beni Ambientali e Architettonici e dalla Soprintendenza per i Beni Artistici e Storici.

VISITA ALL'APPARTAMENTO REALE DI VITTORIO EMANUELE II

di **Claudio Bertolotto**

A sinistra, salotto della regina. Boiserie *e arredi di Gabriele Capello, porcellane di Giuseppe Devers, sovrapporte di Augusto e Gaetano Ferri, 1852-54 circa*

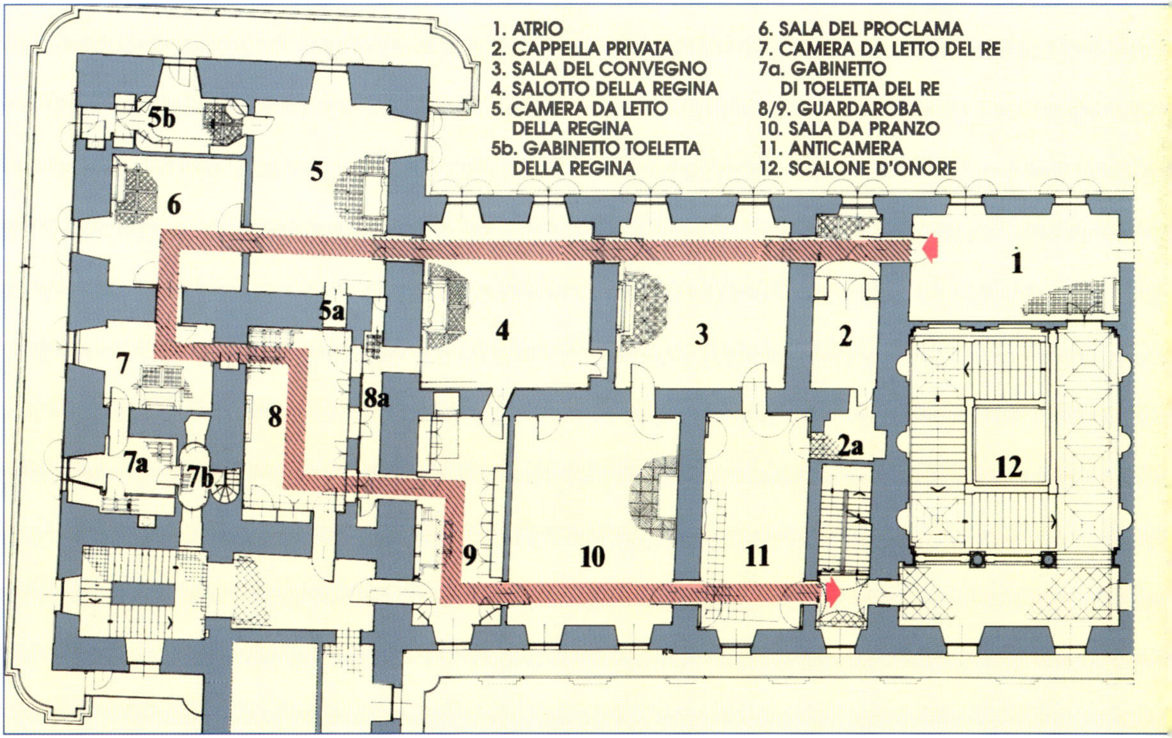

L'appartamento di Vittorio Emanuele II nel castello di Moncalieri consta di dodici stanze situate al primo piano, nell'ala sud-est del corpo principale del castello. L'attuale configurazione degli ambienti è in

Cappella privata. L'altare è della fine del XVIII secolo, il dipinto che raffigura Madonna col Bambino e Santa Cristina, *é attribuito ad Antiveduto Gramatica (secolo XVII)*

gran parte frutto di un riallestimento effettuato negli anni immediatamente successivi all'ascesa al trono di Vittorio Emanuele II e Maria Adelaide di Asburgo Lorena.
Alle scelte di quest'ultima è dovuto in particolare l'aspetto che ancor oggi presentano le sale a lei destinate, che sono anche le uniche ad aver conservato in buona parte gli arredi originali[1].

Cappella privata (2)

È un ambiente recuperato con i restauri del 1989-90, definito nell'inventario del 1860 "Cappella privata della Principessa Maria Pia, già dei Reali Principi" [2]. Nel 1851, infatti, il vicino salone era stato trasformato, dividendolo in altezza, in "comodi Appartamenti per li Reali Principi Infanti", mentre negli anni immediatamente successivi sarebbero stati allestiti gli appartamenti di Vittorio Emanuele II e Maria Adelaide [3]. A tale periodo si può riferire anche l'adattamento a cappella di questa stanza, attigua agli appartamenti reali.
La decorazione del soffitto, con una *Gloria di angeli* entro riquadrature architettoniche con motivi floreali (ripresi nel *papier-peint* dello zoccolo), è attribuita ai pittori Paolo Fea e Angelo Moia, già attivi a Racconigi per Carlo Alberto [4].
L'altare in legno dipinto a imitazione del marmo, con teste di cherubini scolpite a tutto tondo e monogramma mariano tra rami di palma, si può datare all'ultimo quarto del Settecento, mentre il dipinto raffigurante la *Madonna col Bambino e Santa Cristina* è stato recentemente riconosciuto come opera del pittore caravaggesco Antiveduto Gramatica, con la probabile collaborazione del figlio Imperiale [5].

Sala del Convegno (3)

Con questa sala ha inizio la visita all'appartamento di Maria Adelaide, moglie del re Vittorio Emanuele II. Gli ambienti furono decorati e arredati negli anni 1852-53 sotto la direzione del bolognese Domenico Ferri secondo i gusti della nuova regina ispirati alla moda neobarocca diffusa dalla Francia [6]. A tale periodo risalgono le decorazioni del soffitto e delle pareti di questa sala, che nell'inventario del 1860 è definita "Salone di ricevimento". Il soffitto, a padiglione, presenta al centro una finta cupola dipinta a cassettoni, incorniciata da arabeschi in stucco nei quali s'inseriscono quattro stemmi sabaudi. Negli angoli sono rappresentate allegorie delle capitali sabaude (Chambéry, Torino, Cagliari, Genova), dipinte a monocromo da Paolo Emilio Morgari.
Agli interventi decorativi degli anni di Maria Adelaide sono da riferire anche le decorazioni lignee delle pareti, con fondi giallo avorio e rilievi in oro: lo zoccolo (o "lambriggio"), il paracamino, la specchiera sul camino, con cornice a volute e ghirlande, e infine le chiambrane delle porte e le relative sovrapporte, ornate di analoghi motivi, con dipinti ovali raffiguranti vasi di fiori [7].

Sala del convegno.
Boiserie *e soffitto con stucchi del riallestimento progettato da Domenico Ferri su incarico di Maria Adelaide, 1852-53*

Le porte risultavano già nel 1860 "coperte di velluto in lana cremesi", ora rinnovato, mentre le pareti conservano tuttora la tappezzeria originale in seta a fiori giallo oro su fondo cremisi[8].

Anche il camino di marmo bianco con protomi leonine sembra da riferire al riallestimento di quegli anni, quando nel cantiere di Moncalieri le decorazioni in marmo furono affidate ai fratelli Gaggini, attivi nelle residenze sabaude dai tempi di Carlo Alberto.

Tutti gli arredi mobili della sala provengono da altri ambienti del castello, poichè gli arredi originari, alcuni in legno dorato, altri in mogano, con rivestimenti uguali o simili alla tappezzeria, furono dispersi presso varie amministrazioni dello Stato. Attualmente la sala è arredata con due cassettoni, un tavolo rotondo, dodici sedie e una *dormeuse*.

Dei cassettoni, il più consono all'ambiente è certamente quello con ri-

lievi in oro su fondo giallo e *appliques* in bronzo dorato (definito "stile rococò" nell'inventario 1879-1880), già collocato nella camera da studio del principe Luigi Napoleone, figlio di Clotilde di Savoia.
Più semplici e austeri il cassettone in noce e la relativa specchiera (con cornice impiallacciata di mogano), databili alla seconda metà dell'Ottocento. Circa alla metà del secolo risale il tavolo rotondo in noce con tre piedi guarniti di metallo dorato, di una tipologia affermatasi ai tempi di Carlo Alberto.
Agli inizi dell'Ottocento, o alla fine del secolo precedente, sono invece da riferire le dodici sedie ispirate a modelli "Luigi XVI", mentre la *dormeuse*, di noce impiallacciato di mogano con arabeschi intarsiati, richiama il gusto eclettico dei tempi di Maria Adelaide, che si rifà al Settecento ma anche a modelli seicenteschi tardomanieristi (che saranno ripresi in particolare nella camera da letto).
Al sesto decennio dell'Ottocento si possono infine datare gli arredi posti sul camino e sui cassettoni, l'orologio di bronzo in parte dorato con inserti di marmo bianco raffigurante una fanciulla alla fontana, e la coppia di candelieri di bronzo dorato con puttini, tutte opere attribuibili a manifatture francesi, anche se non formano una *parure* (i candelieri nel 1909 ornavano la sala grande da pranzo della principessa Clotilde).

Salotto della Regina (4)

La sala, definita nell'inventario del 1860 "Sala di compagnia", costituisce un ambiente ancora arredato con i mobili originari, che qui realizzano, insieme con le *boiseries*, i medaglioni in porcellana, le sovrapporte dipinte, le tappezzerie e gli stucchi del soffitto, un "unicum" altamente rappresentativo del gusto aggiornato della regina Maria Adelaide[9].
L'ambiente è suggellato dalle iniziali della sovrana, intagliate nella cimasa della specchiera che sovrasta il camino. Quest'ultimo è ornato da una *parure* composta da un orologio da mensola (con movimento di Paul Garnier) e da una coppia di candelabri a 16 luci in bronzo dorato, acquistati a Parigi nel 1852 «per venir poscia collocati nella sala di trattenimento di S. M. la Regina nel Reale Castello di Moncalieri»[10].
La *parure*, in stile "neo-Luigi XV", (affermatosi a Parigi verso la metà degli anni Quaranta dell'Ottocento), si lega strettamente alla decorazione della sala, in particolare nel tema dei putti, quelli della coppia reggilume e i due alla base dell'orologio, simboleggianti la Geometria e la Poesia. Raffigurazioni di bambini si ritrovano infatti un po' ovun-

Salotto della regina. Scrittoio con alzata del mobiliere parigino Wassmus.

que, da quelle delicatissime delle sovrapporte, alle figure modellate in stucco nella volta, ai puttini in bronzo dorato del lampadario, a quelli pure in bronzo, ma bruniti, che personificano la Caccia e la Pesca a ornamento degli alari del camino.

Questi ultimi puttini richiamano quelli della *parure* (pur non facendo parte di tale insieme) anche nel contrasto tra lo splendore delle parti dorate e il bronzo patinato delle figure, che riprende il gioco cromatico delle pareti.

Tutta la *boiserie*, insieme con le porte e sovrapporte, è infatti caratterizzata dall'accostamento di intagli dorati, impiallacciature di legni più chiari (radica di acero e *bois de rose*) e intagli in noce d'India, che richiamano il bronzo cesellato sia per le tonalità più cupe, sia per il virtuosismo della lavorazione[11]. Si tratta di un'opera già attribuita, poi confermata dai documenti, a Gabriele Capello detto il Moncalvo, intagliatore ed ebanista attivo con Pelagio Palagi (pittore preposto alla decorazione delle residenze sabaude) fin dai primi anni del regno di Carlo Alberto[12]. Dopo aver realizzato una vastissima e sempre raffinata produzione ispirata al classicismo palagiano, il Capello si adeguò, verso la metà del secolo, al gusto neo-barocco che si era affermato in Francia e si andava diffondendo anche in Piemonte. Di tale gusto il salotto di Maria Adelaide è un esempio compiuto, realizzato sotto la direzione di Domenico Ferri con la collaborazione dei figli Augusto e Gaetano. Ai due fratelli sono riferite dai documenti le sovrapporte con "Putti scherzanti tra i fiori", mentre il solo Augusto realizzò con Giuseppe Desclos le decorazioni pittoriche del soffitto[13].

Gli stucchi che lo ornano, con volute e medaglioni racchiudenti vasi e stemmi sabaudi affiancati da putti, sono opera dello scultore Silvestro Simonetta e dello stuccatore ticinese Pietro Isella. A quest'ultimo si possono inoltre attribuire le cariatidi del cornicione, in cartapesta e stucco dorato[14].

Tornando alla *boiserie*, è ancora da notare la serie di 66 medaglioni di porcellana dipinta incastonati nelle lesene, nelle porte e nella specchiera, raffiguranti uccelli, fiori, busti femminili, putti, scene galanti entro paesaggi.

Salotto della regina. Soffitto con decorazioni dipinte da Augusto Ferri, e Giuseppe Desclos, stucchi di Silvestro Simonetta e Pietro Isella.

La moda di ornare i mobili in stile "Luigi XV" con lastre di porcellana si era diffusa in Francia verso il 1850, e ha qui nel castello di Moncalieri un precoce seguito grazie all'attività di Giuseppe Devers. Questi, allievo di Constantin, fu mandato da Carlo Alberto a perfezionarsi a Parigi, nel 1846, e fece pratica presso la manifattura di Sèvres. Espose poi con successo al Salon parigino del 1849 e all'Esposizione internazionale di Londra del 1851, e l'anno successivo ricevette appunto l'incarico di ornare il Salotto della regina a Moncalieri.
La decorazione delle pareti di tale ambiente è completata dalle tappezzerie originali, di seta operata con fogliami argentati su fondo azzurro cupo. Stoffe con motivi analoghi rivestono gran parte degli arredi mobili, comprendenti un salotto composto da 12 sedie, due *dormeuses*, tre poltrone e un sofà *tête-à-tête*. Tutti questi arredi sono intagliati in noce d'India con motivi neo-rococò che riecheggiano quelli della *boiserie*. Quest'ultima è ripresa puntualmente nel paravento impiallacciato, la cui esecuzione si può quindi riferire con certezza all'atelier di Gabriele Capello.
L'arredo della stanza comprende infine due pezzi di particolare pregio, un tavolo rotondo in noce d'India con *appliques* di bronzo dorato e il piano ornato di medaglioni dipinti con uccelli e farfalle, ed una monumentale scrivania. Quest'ultima, impiallacciata di palissandro e ornata di decorazioni e sculture in bronzo dorato, è arricchita da medaglioni in porcellana dipinta analoghi a quelli della *boiserie*. Il piano in cuoio reca impresse le iniziali della regina Maria Adelaide. Il sontuoso mobile porta il marchio del mobilificio parigino Wassmus, specializzato nel rifacimento di arredi in stile "Luigi XV" e "Luigi XVI" e particolarmente apprezzato ai tempi di Napoleone III, per il quale arredò varie residenze. La scrivania, del tipo "bureau à gradin" (scrittoio con alzata), fu probabilmente eseguita su ordinazione per essere collocata in questa stanza, come sembrano confermare le porcellane dipinte che la impreziosiscono, attribuibili allo stesso Giuseppe Devers[15].

Camera da letto della regina (5)

Anche quest'ambiente, malgrado la perdita di alcuni arredi e la presenza di qualche pezzo non pertinente, conserva in buona parte la decorazione e l'arredo dei tempi di Maria Adelaide. Le opere lignee furono anche qui realizzate da Gabriele Capello sotto la direzione di Domenico Ferri, ma ispirandosi a modelli seicenteschi tardomanieristi anziché al Settecento "rocaille", come nella stanza precedente.

Camera da letto della regina. Tela del soffitto di Gaetano Ferri, mobili di Gabriele Capello, vaso di Meissen a "palla di neve" dello scultore Kändler, 1731-1746 circa.

Il soffitto è ornato da una grande tela sagomata dipinta da Gaetano Ferri, raffigurante l'*Allegoria del sonno*: una fanciulla addormentata sulla quale aleggiano, come in un sogno, degli amorini[16]. Le altre decorazioni pittoriche del soffitto, con arabeschi di eco manierista, sono di Giuseppe Desclos, mentre gli stucchi furono eseguiti da Pietro Isella. Ai due artisti spettano anche, rispettivamente, gli arabeschi dipinti e le cariatidi in stucco e cartapesta del grande fregio che corre sotto il cornicione ligneo della camera.

La *boiserie* fu realizzata, come si è detto, da Gabriele Capello. I moduli decorativi tardomanieristi cui s'ispirano liberamente le porte, le sovrapporte e il camino con la specchiera, di noce intagliato e dorato, sono ripresi con maggior ricchezza nel grande letto a baldacchino, opera dello stesso intagliatore[17]. Al medesimo artista sono da riferire i due cassettoni in noce riccamente scolpiti (e con festoni traforati analoghi a quelli del letto), che combinano eclettticamente motivi cinque-seicenteschi. Su uno dei cassettoni troneggia (con la mediazione di un basamento in legno e bronzo dorato) un vaso di porcellana di Meissen decorato con uccelli e fiori di viburno, o "palla di neve". L'opera si può riferire all'attività del laboratorio sassone sotto la direzione dello scultore Kändler (1731-1746).

Nella stessa parete della camera si apre un piccolo oratorio con un inginocchiatoio, stilisticamente affine alla *boiserie* realizzata dal Capello. Sull'alzata vi è un crocifisso in avorio, mentre alle pareti sono appesi due quadretti di primo Settecento, raffiguranti l'*Ecce Homo* e l'*Addolorata*, con arabeschi di fiori, frutti e uccelli, dipinti in oro a graffito su vetro azzurro. L'inginocchiatoio ha ancora i cuscini rivestiti della stoffa originaria, un damasco in seta rosso simile a quello delle pareti della camera, anch'esso originale, così come le cortine del letto. Presso quest'ultimo è collocato un altro inginocchiatoio assai più prezioso, proveniente dal Salotto della regina, al quale s'intonava nello stile neo-settecentesco e nella ricchezza dei materiali pregiati: impiallacciature in *bois de rose* e palissandro, intarsi in legni vari, bronzi dorati (tra cui le statuette raffiguranti la Madonna e due Angeli adoranti) e un medaglione in porcellana dipinta raffigurante S. Vincenzo de' Paoli, analogo a quelli citati di Giuseppe Devers[18].

All'arredo originario della camera, benché siano in stile "neo-Luigi XV", appartengono le quattro sedie in noce intagliato, parte di un servizio composto in origine da 10 sedie, una *dormeuse* e uno sgabello.

Da altri ambienti del castello proviene invece lo specchio a bilico (o "psiche") con cornice e montanti di noce intagliato, databile intorno alla metà dell'Ottocento.

Sulla parete a destra del letto, sopra il cassettone, vi è infine un dipinto seicentesco raffigurante una statua della *Vergine col Bambino* (la Madonna di Trapani, di cui esiste un'analoga rappresentazione, verosimilmente più antica, nella chiesa degli Angeli di Torino)[19].

Gabinetto di toeletta della Regina (5b)

Una porta dissimulata dalla tappezzeria accanto al letto dà adito a quest'ambiente, simile a un piccola "galleria degli specchi"[20]. Le pareti infatti, rivestite di una *boiserie* avorio e oro, con coronamenti ad arco, sono tutte ornate di specchi, ad eccezione di due vani che si aprono sotto le arcate maggiori, sui lati lunghi, per ospitare una grande sofà e

Gabinetto di toeletta della regina: in alto, particolare del soffitto e della* boiserie *con il ritratto di Vittorio Emanuele II in età giovanile; a sinistra, veduta d'insieme. La* boiserie *laccata e dorata è di Gabriele Capello.

l'apertura della finestra. Visi femminili scolpiti a bassorilievo e dorati ornano i capitelli delle lesene, mentre altri visi simili, ma a tutto tondo, arricchiscono le cimase delle quattro arcate poste alle estremità della stanza. Anche in questi ambienti l'opera d'intaglio si può riferire su base documentaria a Gabriele Capello.

Sopra i due vani laterali si fronteggiano due medaglioni, uno con lo stemma sabaudo dipinto su vetro, l'altro con il ritratto a olio di Vittorio Emanuele II in età giovanile. Alle tonalità luminose della *boiserie*, riflesse e moltiplicate dagli specchi, si accordano le tappezzerie verde acqua (rifatte su modello delle preesistenti) e le decorazioni del soffitto. Quest'ultimo è costituito da una volta a padiglione su cui se ne innesta una a bacino, decorata con motivi a griglia blu e oro. La fascia più esterna è ornata da mazzi di fiori dipinti entro medaglioni con cornici arabescate su fondo verde acqua, mentre altri *bouquets* annodati con veli (che li legano ai precedenti) appaiono come sospesi su un cielo di un azzurro intenso.

La delicata decorazione è da riferire ad Angelo Moia, che operò in vari ambienti del castello e inoltre, sempre a Moncalieri, nel Real Collegio e nella Chiesa di Santa Maria della Scala[21].

Studio (o Sala del Proclama) (6)

Studio (o Sala del Proclama). Porta laccata e dorata, riferibile all'epoca della Restaurazione, particolare.

È un ambiente nel quale secondo la tradizione fu firmato il proclama di Moncalieri, con cui Vittorio Emanuele II nel 1849 sciolse il Parlamento, che non voleva ratificare il trattato di pace con l'Austria[22]. La stanza è stata purtroppo privata dei numerosi arredi, alcuni dei quali di notevole pregio, ricordati negli inventari di fine Ottocento.
Con l'aspetto relativamente sobrio dei mobili attuali (il tavolino ottocentesco in radica e gli stessi cassettoni laccati di tardo Settecento) contrasta la fastosa *boiserie* intagliata, laccata e dorata. La forte evidenza plastica dei girali che ornano il lambriggio, unita alla minuziosità dell'intaglio, è riproposta con maggior ricchezza nelle porte, ornate di medaglioni con profili femminili classici tra girali floreali e cornucopie ricolme di fiori.
Il disegno delle chiambrane e l'esuberanza decorativa hanno suggerito confronti con le *boiseries* realizzate nel Palazzo Reale di Torino durante il regno di Carlo Alberto sotto la direzione di Pelagio Palagi. Autori degli intagli furono, nella reggia torinese, Gabriele Capello e Giovanni Battista Ferrero. La presenza a Moncalieri di quest'ultimo, già attivo negli anni della Restaurazione accanto a Bonzanigo, Gianotti, Tanadei, potrebbe spiegare quell'aura tardo settecentesca ancora in parte avvertibile nella decorazione di questa stanza, che sembra quindi da datare prima degli interventi di Palagi[23]. Di disegno tipicamente palagiano sono le maniglie delle porte in bronzo dorato, con busti di putti uscenti da un calice fogliato, e le placchette con lo stemma sabaudo e l'aquila reggente l'iscrizione "Carlo Alberto" (di cui esistono altri esemplari nell'attigua Camera da letto della regina). L'elegante camino in marmo bianco, ornato di una Medusa a bassorilievo tra girali di foglie e fiori, presenta caratteri di tardo Settecento. Su di esso è collocata una *parure* composta da un orologio con una statua in bronzo raffigurante la Musica e da una coppia di candelieri a sei luci con statuette rappresentanti una bambina e un bambino che suonano. I basamenti, in stile "neo-Luigi XVI", sono d'acciaio inciso all'acquaforte e parzialmente brunito e dorato, con medaglioni raffiguranti giochi di bimbi. La *parure* è attribuita a manifattura francese (l'orologio ha il punzone *Vincenti*, circa 1855-60) e arredava in origine la camera da letto del re[24].

Camera da letto del re. Infissi in mogano e mostra di camino dei primi anni del regno di Vittorio Emanuele II.

Camera da letto del Re (7)

Dell'arredo originale si sono conservati soltanto gli infissi, mentre i mobili furono purtroppo dispersi presso varie amministrazioni dello Stato.

Rispetto alla camera da letto della regina, severa ma sontuosa, quella del re doveva già in origine distinguersi per la sobrietà degli arredi, dalle linee semplici e austere, appena impreziosite dall'uso del mogano. Il tono rosso cupo di tale essenza si armonizzava con il blu della tappezzeria di seta con motivi floreali argentati entro un disegno a losanghe (rifatta nel 1971 su modello della preesistente).

Le porte in mogano e il camino di marmo bianco con specchiera pure di mogano combinano un impianto classicheggiante con elementi *rocaille*, forse ispirandosi ad analoghe soluzioni settecentesche[25].

Gabinetto di toeletta del re: a lato, pareti rivestite di cinz a fiori pieghettato e toeletta a treppiede coeva; in basso, particolare del soffitto a padiglione di cinz sorretto da colonnine in mogano, a imitazione di una tenda militare

Coerenti dovevano essere le linee dei mobili, sempre in mogano con rivestimento in stoffa uguale alla tappezzeria, mentre il letto di Vittorio Emanuele II è descritto nell'inventario del 1879-1880 (redatto poco dopo la morte del re) come «una lettiera in ferro verniciata in nero con testiere a voluta ed emblema di amorino al centro»[26]. La camera, privata del letto e di tutti i mobili originari, fu poi riarredata con mobili ottocenteschi provenienti da altri ambienti del castello.
Vittorio Emanuele II è qui ricordato da un busto in bronzo eseguito nel 1861, che lo ritrae come re d'Italia[27].

Gabinetto di toeletta del Re (7a)

Come alla fastosità della camera da letto di Maria Adelaide fa riscontro l'austerità di quella di Vittorio Emanuele II, così alla ricchezza del

gabinetto di toeletta della regina si contrappone la studiata semplicità di quello del re. Si tratta infatti di un ambiente con le pareti rivestite di cinz a fiori pieghettato, coperto da un padiglione dello stesso tessuto sostenuto da quattro colonnine in mogano: una chiara evocazione della vita militare cui era avvezzo il sovrano[28]. Anche qui, purtroppo, gli arredi non sono più quelli ricordati nell'inventario del 1879-1880, se si eccettua l'originale toeletta a tre piedi con stelo tornito in noce.
Essi comprendevano tra l'altro un cassettone e sei sedie in mogano coperte di seta verde (come il fondo della tappezzeria citata, che è ancora quella originaria)[29].

Guardaroba (8-9)

Si tratta di due ambienti comunicanti con gli appartamenti del re e della regina, arredati con grandi armadi e scansie che contenevano la biancheria e le suppellettili destinate al servizio dei sovrani. Sono stati inseriti nella visita sia come testimonianza della vita della servitù che si svolgeva accanto agli ambienti aulici, sia per creare un percorso circolare nel rispetto delle norme sulla sicurezza[30].

Sala da pranzo (10)

Il soffitto e la *boiserie* di quest'ambiente sono ispirati al gusto neo-rococò che caratterizza le sale attigue dell'appartamento di Maria Adelaide, e sono probabilmente da datare agli anni del riarredo voluto dalla regina sotto la direzione di Domenico Ferri[31]. In particolare le decorazioni del soffitto, dipinto a tempera con volute che incorniciano nature morte con selvaggina, frutta e tralci vegetali entro vasi, richiamano da vicino quelle del salotto della regina. Queste ultime, costituite da volute e vasi in stucco da cui escono mazzi di fiori dipinti, furono realizzate per la parte pittorica da Giuseppe Desclos e Augusto Ferri. Ad essi si può verosimilmente attribuire la stessa decorazione del soffitto della sala da pranzo, che simula in pittura la ricchezza degli stucchi che ornano le stanze di Maria Adelaide.
Analogamente, anche la *boiserie*, intagliata, laccata avorio e dorata in stile neo-rococò, può essere riferita all'atelier di Gabriele Capello, cui spetta l'arredo ligneo dell'appartamento della regina. Le specchiature lignee della sala da pranzo erano in origine arricchite da dipinti, ricordati nell'inventario del 1860: quattro sovrapporte con soggetti pastorali e due ovali con i ritratti di Emanuele Filiberto e di Carlo Emanuele III

In alto, guardaroba della regina, con i grandi armadi di legno laccato. In basso, sala da pranzo: sofà impiallacciato di radica d'acero e intarsiato di amaranto, probabilmente realizzato da Gabriele Capello su disegno di Pelagio Palagi

inseriti nelle specchiere (quella a ponente collocata sopra un camino, poi spostato nell'anticamera). Anche i campi "coperti di moella verde" erano probabilmente predisposti per contenere grandi quadri. Delle quattro sovrapporte, che provenivano dal Regio Guardamobili, ne restano due: le altre si trovano al Quirinale, nello studio del Presidente alla Palazzina. I dipinti sono attribuiti al pittore piemontese Pietro Domenico Olivero (c. 1680-1755)[32].

Mancano all'appello tutti i mobili elencati nell'inventario del 1879-1880, tra cui la grande tavola allungabile in mogano e la *console* laccata avorio e dorata con piano in marmo di Busca, verosimilmente abbinata alla specchiera della parete di levante. I pochi mobili presenti nella stanza, prevalentemente di età carloalbertina, provengono da altri ambienti del castello. Più che il tavolo rotondo in noce e le sedie in mogano (già poste nell'appartamento della principessa Maria Pia, poi in quello della sorella Maria Clotilde), s'impone all'attenzione il grande sofà impiallacciato di radica d'acero e intarsiato di amaranto, con linee e motivi decorativi tipici della produzione realizzata da Gabriele Capello sotto l'egida di Pelagio Palagi. A fine Settecento si può invece datare il cassettone laccato e dorato (già collocato nell'appartamento del principe di Piemonte, il futuro Umberto I), simile a quelli che si trovano attualmente nella sala cosiddetta del Proclama.

Anticamera (11)

L'ambiente, definito nell'inventario del 1860 "Camera degli Staffieri", conserva dell'arredo originario solo la *boiserie* laccata e dorata. Il camino, in marmo rosso con inserti di stucco lucido, proviene dall'attigua sala da pranzo. L'opera, attribuibile ai fratelli Gaggini (autori degli ornati in marmo dell'appartamento di Maria Adelaide), è corredata da due alari bronzei coevi con leoni poggianti su un elaborato basamento neo-rococò. Nello scarno arredo della stanza, proveniente da vari ambienti del castello, presenta un certo interesse il mobile a scaffali con attaccapanni e portabastoni, di mogano intagliato con motivi legati al repertorio di Enrico Peters[33].

Note

1. Questo scritto si avvale, oltre che dei testi volta per volta citati, della schedatura condotta da Sandra Barberi negli anni 1988 (con fondi della Soprintendenza per i Beni Artistici e Storici) e 1993 (con finanziamento della Soprintendenza per i Beni Ambientali e Architettonici), sotto la direzione di Michela di Macco e Cristina Mossetti della SBAS.
La schedatura è stata realizzata da Sandra Barberi (sulla scorta anche delle ricognizioni inventariali di Barbara Fioravanti ed Elena Ragusa, del 1982) con un'accurata ricerca sulle fonti documentarie, che le ha permesso di individuare con certezza autori ed epoca di molti interventi. Senza tale fondamentale lavoro non sarebbe stata possibile la stesura di questo testo nei ristrettissimi tempi richiesti. Alle schede, conservate in copia presso l'Ufficio Catalogo della SBAS, si rimanda per tutti i riferimenti documentari.
Per un quadro complessivo degli interventi nell'Appartamento Reale di Moncalieri, si veda il saggio della stessa Barberi in AA.VV., *Orologi negli arredi del Palazzo Reale di Torino e delle residenze sabaude*, catalogo della mostra a Torino, Milano 1988, pp. 291-301.
Si veda inoltre l'importante contributo di E. COLLE, *Eclettismo sabaudo: le decorazioni e gli arredi nelle residenze di Vittorio Emanuele II a Torino e Firenze*, in "Antichità viva" XXVII (1988), n. 1, pp. 44-51.
Un ulteriore approfondimento, fondato su una vasta ricerca documentaria (e di cui si è tenuto conto in questa riedizione), si trova in P. CORNAGLIA, *Eclettismo di corte: l'appartamento di Vittorio Emanuele II e Maria Adelaide a Moncalieri fra neobarocco e secondo impero*, in "Bollettino S.P.A.B.A.", XLVIII (1996), pp. 345-361.
Sugli artisti, si vedano le schede biografiche in E. CASTELNUOVO - M. ROSCI (a cura di), *Cultura figurativa e architettonica negli Stati del Re di Sardegna, 1773-1861*, Torino 1980, vol. III.
2. La cappella è stata ricomposta riposizionando l'altare sotto la direzione di Francesco Pernice; i lavori sono descritti in F. PERNICE (a cura di), *Moncalieri: il Castello, passato e presente*, Torino 1992.
3. Oltre ai contributi citati di Sandra Barberi, cfr. P. CORNAGLIA, *Eclettismo di corte* cit., nota 32 a p. 351. Nel 1851 "si divide in altezza ... il salone d'onore (di cui viene distrutta la volta seicentesca) predisponendo gli appartamenti dei Principi e delle Principesse infanti al secondo piano (1851-52, decori a fiori e frutti sui soffiti per mano di Paolo Fea e Angelo Moia)".
4. Si veda la scheda di S. BARBERI presso SBAS, Torino.
5. M. DI MACCO, *"L'ornamento del Principe". Cultura figurativa di Maurizio di Savoia (1619-1627)*, in G. ROMANO (a cura di), *Le collezioni di Carlo Emanuele I di Savoia*, Torino 1995, pp. 362-363, tav. 56. Per altri dipinti del Gramatica già conservati nel castello, si veda M. DI MACCO, *I dipinti dalle quadrerie Sabaude*, in AA.,VV., *Studi e restauri per Moncalieri - Dipinti dalle Collezioni Civiche, dalle Quadrerie Sabaude, dalle Chiese*, catalogo della mostra a Moncalieri, Moncalieri 1995, pp. 32-35.
6. L'aggiornamento sulle novità provenienti dalla Francia è tutt'uno con l'incarico conferito a Domenico Ferri, fino al 1851 apprezzatissimo scenografo del Théâtre Italien di Parigi, insieme con il figlio Gaetano. Quest'ultimo fu anche pittore di storia, e si trasferì a Torino nel 1856, ottenendo la cattedra di pittura all'Accademia Albertina, che resse fino al 1871. L'altro figlio di Domenico Ferri, Augusto, fu attivo come scenografo al Teatro Regio di Torino dal 1852, e collaborò inoltre con il padre e il fratello a Moncalieri e a Torino, nel Castello del Valentino e in Palazzo Cisterna. Fra il 1857 e il 1873 operò in Spagna. A Domenico Ferri e ai suoi figli si deve gran parte del rinnovamento decorativo delle residenze sabaude voluto da Vittorio Emanuele II, da Moncalieri al Palazzo Reale, alla Mandria, e successivamente in Toscana a Palazzo Pitti e a Poggio a Caiano (oltre all'ampliamento di Palazzo Carignano progettato con Giuseppe Bollati quale sede del Parlamento Italiano). Cfr. P. CORNAGLIA, *Eclettismo di corte* cit., pp. 346-350.
7. In realtà i dipinti, probabilmente settecenteschi, provenivano dal Regio Guardamobili, ed erano in origine "alti e stretti, ridotti sui nuovi telai di singolar forma ... e perciò obbligato ad aggiungervi fondi e fiori". Tale intervento, così come il restauro delle sovrapporte destinate alla sala da pranzo, fu realizzato da Antonio Vianelli. Cfr. P. CORNAGLIA, *Eclettismo di corte* cit., p. 353.
8. R. TARDITO AMERIO, *Gli appartamenti reali del castello di Moncalieri*, Torino 1971, p. 8; C.E. BERTANA, *Note sull'arredo degli appartamenti reali del castello di Moncalieri nel XIX e XX secolo*, in F. PERNICE (a cura di), *Il castello di Moncalieri: restauri 1989-1990*, Torino 1991, pp. 103-118 (in particolare alle pp. 110-111). A quest'ultimo saggio si rimanda anche per un quadro d'insieme sulle provenienze e sugli spostamenti degli arredi. Si veda, inoltre, nello stesso volume, G. CAMBURSANO, *Un itinerario per la visita agli appartamenti storici del castello*, pp. 119-139.
9. La sala definita anche, nei documenti contemporanei, "camera di trattenimento della Regina", è stata giustamente definita un "capo d'opera in cui sembra perpetuarsi il principio barocco della fusione di tutte le arti" (P. CORNAGLIA, *Eclettismo di corte* cit., p. 354).
10. S. BARBERI e G. BRUSA, in AA. VV., *Orologi*, cit., pp. 294-95.

Studio (o Sala del Proclama). Porta laccata e dorata, riferibile all'epoca della Restaurazione.

11. Si consideri inoltre la perfetta integrazione cromatica e compositiva fra gli intagli della *boiserie* e i circa ottomila inserti bronzei realizzati dal fonditore Giovanni Colla. L'impresa comportò una gran quantità di aggiustamenti degli elementi in bronzo, proprio perchè la decorazione, come scrisse lo stesso Colla, doveva "formare un solo ornato tra bronzo e legno". Cfr. P. CORNAGLIA, *Eclettismo di corte* cit., p. 356.

12. Per l'attribuzione al Capello si veda F. DALMASSO, *L'Accademia Albertina: storia e artisti*, in F. DALMASSO - P. GAGLIA - F. POLI, *L'Accademia Albertina di Torino*, Torino 1982, p. 52. Per i documenti di pagamento, si rimanda alla scheda di S. BARBERI presso SBAS, Torino, cfr. inoltre F. DALMASSO, *La cultura artistica*, in U. LEVRA (a cura di), *Storia di Torino*, VI, *La città nel Risorgimento (1798-1864)*, Torino 2000, pp. 685-701.

13. Jacques Joseph Desclos, di origine francese, fu allievo di Domenico Ferri e dal 1860 professore di ornato all'Accademia Albertina. Cfr. P. CORNAGLIA, *Eclettismo di corte* cit., p. 353.

14. Silvestro Simonetta, docente di scultura all'Accademia Albertina dal 1858, eseguì fra l'altro le statue del Conte Verde e di Andrea Provana per il nuovo scalone del Palazzo Reale di Torino, quella del Principe Eugenio per la facciata del Palazzo di Città, figure allegoriche sul prospetto dell'ampliamento di Palazzo Carignano progettato da Domenico Ferri e Giuseppe Bollati quale sede del Parlamento italiano. Pietro Isella, formatosi all'Accademia di Brera, dopo un viaggio di istruzione a Napoli e a Pompei (1838), aprì a Torino uno studio di scultura ornamentale. Eseguì, tra gli altri, interventi in Palazzo Reale, in Palazzo Carignano e nella stazione di Porta Nuova. Su Simonetta e Isella cfr. THIEME-BECKER 1907-1947, *ad vocem*; P. CORNAGLIA, *Eclettismo di corte* cit., p. 355.

15. Si veda la scheda di S. BARBERI presso SBAS, Torino. Accanto al prezioso scrittoio neosettecentesco, completavano l'arredo della sala autentici mobili del Settecento. Si tratta di alcuni capolavori del Piffetti ora conservati al Quirinale, così descritti nell'inventario: "uno scrittoio a comode, con grandioso armadio sostenuto da due statuette di legno dorato, il tutto intarsiato di noce d'india, avorio e madreperla, con piedi a voluta con ornati di bronzo dorato, con nove medaglioni d'avorio, ornamenti di specchi e cimasa di legno dorato", due "commode a burò con 3 tiratoj ciascuno, aventi 3 medaglioni d'avorio caduno coi piedi di legno, volute dorate simili alla scrivania" e due "portacandelabri doppi su quattro piedi a voluta, quella inferiore interna e quella superiore esterna, intarsiati di avorio e madreperla compagni della scrivania". Per questi mobili, cfr. P. CORNAGLIA, *Eclettismo di corte* cit., p. 357; G. FERRARIS, *Pietro Piffetti e gli ebanisti a Torino: 1670-1838*, a cura di A. GONZALES-PALACIOS, Torino 1992.
Sugli altri mobili del Piffetti già nel Guardamobili del Castello di Moncalieri e ora a Stupinigi, cfr. P. CORNAGLIA, *Eclettismo di corte* cit., pp. 357-358.

16. Il dipinto fu realizzato da Gaetano Ferri a Parigi (dove il pittore era trattenuto da una commessa del governo francese) e inviato a Torino nell'agosto 1853. Cfr. P. CORNAGLIA, *Eclettismo di corte* cit., p. 354.

17. La partitura geometrica delle porte presenta anche analogie, fra l'altro, con quella delle ante di un armadio progettato da Leonardo Marini per l'appartamento del Principe di Piemonte (il futuro re Carlo Emanuele IV) nello stesso Castello di Moncalieri. Si veda M. VIALE FERRERO, *Decorazioni e progetti di Leonardo Marini per decorazioni eseguite in palazzi di Casale*, in *Quarto Congresso di Antichità e d'Arte (Casale Monferrato 1969)*, Casale Monferrato 1974, pp. 485-504, in particolare fig. 15.

18. Si veda, anche per la proposta di attribuzione a manifattura francese (forse lo stesso mobilificio Wassmus), la scheda di S. BARBERI presso SBAS, Torino.

19. R. TARDITO AMERIO, *Gli appartamenti* cit., p. 9; AA. VV., *Archivi di pietra*, Torino 1988, fig. a p. 247.

20. L'ambiente fu realizzato nel 1853 riducendo la sala d'angolo, che serviva come camera da letto del re. La parte restante della sala diventò allora lo studio del re (o Sala del Proclama). Cfr. P. CORNAGLIA, *Eclettismo di corte* cit., p. 351.

21. Cfr. P. CORNAGLIA, *Eclettismo di corte* cit., p. 354; E. OCCHIENA, *La Chiesa Collegiata di Santa Maria della Scala a Moncalieri*, Torino 1991; S. GHISOTTI, *Decorazione e arredo: dal gusto di corte carloalbertino agli interventi del nostro secolo*, in C. BERTOLOTTO (a cura di), *Il Real Collegio e i Barnabiti a Moncalieri. Educazione e custodia delle memorie*, Torino 1997, pp. 53-57.

22. In realtà lo studio, nelle sue attuali dimensioni, fu creato nel 1853 riducendo la sala d'angolo. Cfr. note 20 e 23.

23. R. TARDITO AMERIO, *Gli appartamenti*, cit., p. 9; M. BERNARDI, *Il Palazzo Reale di Torino*, Torino 1959, tavv. XXIII-XXVI. Su Giovanni Battista Ferrero si veda G. FERRARIS, *Giuseppe Maria Bonzanigo e la scultura decorativa in legno a Torino nel periodo neoclassico (1770-1830)*, Cavallermaggiore 1991, pp. 189-191.
Per la datazione a una fase di Prima Restaurazione degli infissi della "sala del Proclama" (reimpiegati nel 1846-48 negli ambienti in uso a Vittorio Emanuele), si veda anche P. CORNAGLIA, *Eclettismo di corte* cit., p. 346, 351.

24. S. Barberi e G. Brusa, in AA. VV., *Orologi* cit., p. 298. La bambina raffigurata nel candeliere suonava uno strumento andato perduto.

25. Si vedano ad esempio alcuni disegni per mobili del Marini, come quello citato alla nota 17.

26. C.E. Bertana, *Note* cit., p. 108.

27. Il busto proviene dal Palazzo Reale di Torino. Sul piedistallo è la scritta: «I. BOGGIO/COLLAGALVANOPLASTICA/1861». La fonderia torinese Colla e Odetti è ricordata nei documenti di pagamento per bronzi e ferri da arredamento e decorazione eseguiti per l'appartamento reale di Moncalieri negli anni di Maria Adelaide. Si veda S. Barberi e G. Brusa, in AA. VV., *Orologi*, cit., p. 292. Il fonditore Giovanni Colla (autore, come si è visto, delle decorazioni in bronzo del salotto di Maria Adelaide), realizzò tra l'altro, in società con Chiaffredo Odetti (morto nel 1844), la cancellata in ferro di Palazzo Reale disegnata dal Palagi (1842-43). Per la facciata del Real Collegio di Moncalieri eseguiva nel 1844 lo stemma reale, in ferro fuso con verniciatura a imitazione del bronzo e parziali dorature, la ringhiera del balcone e i capitelli delle quattro lesene. Cfr. S. Ghisotti, *Decorazione e arredo* cit., pp. 54-55.

28. L'uso delle tappezzerie estese ai soffitti era comunque in linea col gusto francese, e si ritroverà nelle residenze acquisite dai Savoia con il trasferimento della capitale a Firenze, in particolare nella "Meridiana" di Palazzo Pitti e nella villa di Poggio a Caiano (nella camera della contessa di Mirafiori, la "bela Rosin", compagna e poi moglie morganatica di Vittorio Emanuele II). Cfr. E. Colle, *Eclettismo sabaudo* cit., p. 49, fig. a p. 51.

29. C.E. Bertana, *Note* cit., pp. 108, 117.

30. Si veda il saggio di Francesco Pernice in questo volume.

31. Cfr. P. Cornaglia, *Eclettismo di corte* cit., p. 353

32. Come osserva l'estensore dell'inventario del 1908 (si veda la scheda di S. Barberi presso SBAS, Torino). Cfr. P. Cornaglia, *Eclettismo di corte* cit., p. 353; L. Laureati - L. Trezzani, *Il patrimonio artistico del Quirinale. Pittura antica. La quadreria*, Roma 1993, pp. 11, 100-102.

33. Si veda in questo volume il saggio *Visita all'appartamento della principessa Maria Letizia*, alla nota 14.

UN CANTIERE DI RESTAURO SPERIMENTALE

di **Francesco Pernice**

La Soprintendenza per i Beni Ambientali e Architettonici ha iniziato sin dal 1988 lavori al castello, divisi per lotti, finalizzati al recupero funzionale e architettonico del complesso, specificatamente per le esigenze del Battaglione dei Carabinieri che lo ha in consegna e, nel contempo, finalizzati all'apertura al pubblico dei due appartamenti reali affidati alla Soprintendenza.
I molti lavori realizzati nel primo lotto di intervento hanno reso possibile, tra l'altro, di aprire al pubblico l'appartamento reale della principessa Maria Letizia, sito al piano terra del padiglione sud-ovest del Castello; in tale occasione è stata allestita la mostra "Il castello di Moncalieri: storia e restauro". L'appartamento del re Vittorio Emanuele II è stato invece inaugurato nell'anno 1992, con un nuovo progetto espositivo denominato "Il castello: passato e presente". Le varie fasi dei lavori sono state caratterizzate da una fattiva collaborazione tra la direzione lavori, i professionisti impegnati, le facoltà di Architettura e di Ingegneria, i vari ministeri cui è assegnato il bene demaniale – e cioè Ministero per i Beni Culturali e Ambientali, Ministero della Difesa e Ministero dell'Interno – ciascuno per le proprie competenze e nel rispetto delle proprie normative, il cui impegno, sotto la gestione e il coordinamento della direzione lavori, ha portato alla realizzazione di un cantiere programmato in ogni minimo particolare e finalizzato al recupero funzionale di parti di edifici con notevoli risparmi di costi per lo Stato.
Una stretta collaborazione tra l'Arma e la Soprintendenza ha consentito di avviare un'esperienza di "scuola di restauro" con i giovani carabinieri di leva di stanza al Battaglione, grazie alla quale è stato possibile raggiungere ottimi risultati di validità oggettiva. In questa col-

Viste prospettiche dell'atrio

laborazione, infatti, si può rilevare un duplice aspetto positivo e costruttivo, in quanto i giovani, sotto la guida della direzione lavori, al termine del periodo militare hanno acquisito un maggior bagaglio tecnico che potrà rivelarsi utile per il loro avvenire. A conferma di ciò, molti carabinieri hanno discusso tesi di laurea inerenti il castello, altri hanno acquisito nuove tecniche pittoriche e di restauro, altri hanno affinato le tecniche del disegno e della progettazione funzionale applicata a complessi particolari come il castello.
Quale prassi metodologica ormai consolidata, prima di procedere a un intervento di restauro si è effettuato uno studio approfondito delle piante di archivio, un attento rilievo grafico e fotografico e un'idonea campagna di saggi stratigrafici e indagini scientifiche, come ad esempio indagini sonar, radiografiche, termiche, o comunque di tipo non distruttivo. Il principio seguito per gli interventi è stato quello di non dividere il restauro puro dalla realizzazione degli impianti in genere, elettrici o idrici o di sicurezza, ma di lavorare parallelamente; in tal modo l'impianto diventa una via di conoscenza per verificare e scoprire interessanti particolari dal punto di vista storico e architettonico, particolari che spesso non sono riportati nei documenti presenti negli archivi, ma che hanno permesso, in molti casi, di datare cronologicamente le trasformazioni avvenute nel tempo.
Il castello di Moncalieri è un esempio concreto di applicazione della normativa di sicurezza in un contenitore di alto pregio storico-architettonico: esso è stato adeguato non solamente come museo di se stesso, ma an-

Esempio di accensione di luci di emergenza nell'appartamento della principessa Maria Letizia

Particolari costruttivi della porta e delle boiseries del salotto della regina Maria Adelaide

Esempi di strutture espositive progettate e realizzate per le mostre allestite nel castello

che come contenitore da utilizzare per l'allestimento di mostre temporanee, per concerti e manifestazioni e quindi con regolamenti che seguono la norma più restrittiva dei "locali per pubblico spettacolo". Al problema della sicurezza è collegata la problematica della realizzazione degli impianti e quindi dell'inserimento di cavi, canaline, telecamere, rilevatori incendio, rilevatori ottici, lampade d'emergenza, illuminazione di rete, quadri di comando, sottocentrali, elementi del tutto estranei al museo e frequentemente in netto contrasto con l'ambiente preesistente. Spesso l'esperienza del passato ci aiuta a superare problemi di

quel genere; infatti, attraverso saggi e sondaggi, si possono ritrovare quei passaggi, cavedi, camini, fori pontali all'esterno dell'edificio (che comunicano di solito con l'interno, spesso scorrettamente tamponati con un semplice strato di mattoni), cornicioni e cornici, che possono essere utilizzati quali canali di passaggio per cavi e tubazioni.

Nella pagina a sinistra: rinvenimento di vano-porta tamponato e utilizzato attualmente come uscita di sicurezza

In questa pagina: stanza degli armadi prima e dopo i restauri

Durante il corso degli anni queste reti, a seguito delle trasformazioni subite dall'edificio, secondo mode e tecniche dell'epoca, in molti casi sono state modificate o sono state tamponate: di esse non resta alcuna traccia a vista, ma spesso sono nascoste sotto il nuovo strato di intonaco o la nuova muratura realizzata.
Così dicasi per le trasformazioni avvenute nel tempo in ordine all'architettura stessa degli ambienti, che venivano modificati secondo il gusto dell'epoca o il volere del regnante.
Seguendo le direttive su esposte sono state quindi applicate quelle soluzioni più idonee al fine di raggiungere gli obiettivi prefissati; sono state usate le tecniche più adeguate e moderne per realizzare i vari impianti – utilizzando cavi "pirotenax", per il passaggio a vista su cornici e *boiseries*; il cavo al silicone, molto flessibile, dove il passaggio con cavi antifiamma era difficoltoso – si è trattato così ogni ambiente in modo diverso, ponendo particolare attenzione a evidenziare l'architettura dei locali senza intralciare con elementi estranei il contesto architettonico.
Anche per l'allestimento delle mostre sono state studiate e progettate strutture "leggere", in modo tale da porre in evidenza il particolare esposto, inserito nell'architettura dell'ambiente senza turbare l'immagine complessiva della stanza arredata con i suoi elementi originali.
I lavori di restauro in genere intrapresi e completati hanno riportato i locali allo stato originale del 1864, mentre la finalità di alcune scelte operative e di restauro è stata quella di ridare un'immagine visiva al-

l'architettura di insieme, interpretando ed evidenziando le varie sovrapposizioni succedutesi nel tempo in zone particolari del castello. I lavori realizzati hanno permesso di percepire una realtà importante:

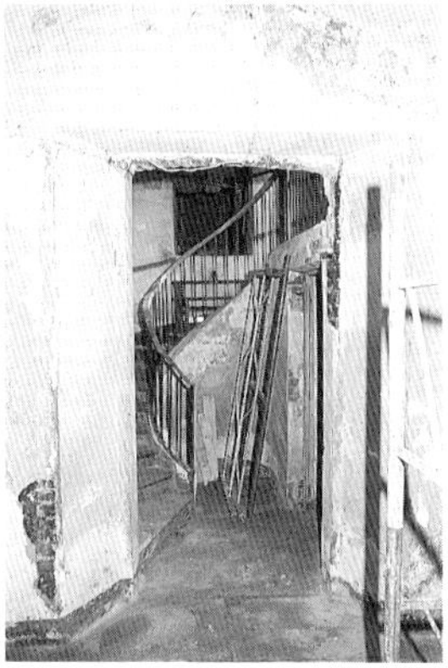

Scala interna della nuova biglietteria prima e dopo i restauri

il castello, così come progettato inizialmente, si presentava idoneo a qualunque uso: le opere eseguite hanno eliminato le trasformazioni otto-novecentesche, al fine di riportare alla luce i passaggi occlusi, di ripristinare le stanze nel loro assetto, individuandone così la relativa destinazione d'uso compatibile.
La costante verifica delle piante di archivio ha permesso di ripristinare quanto più possibile la situazione originaria dell'edificio, compatibilmente con le esigenze odierne di un contenitore destinato a uno specifico uso funzionale. Gli studi condotti e i lavori realizzati hanno comunque portato alla determinazione che il castello, nato come residenza reale e, quindi, quale dimora del re e della sua corte, con dame di compagnia, soldati e contabili, era stato progettato in modo tale che le zone fossero ben divise tra di loro e funzionali per ogni esigenza, fornite di vari accessi: questa divisione strutturale è risultata idonea anche per un museo e una caserma dei Carabinieri.
Così il circolo ufficiali e sottoufficiali, ubicati al piano terra, sono idonei all'uso cui sono stati destinati; il comando di Battaglione, ubicato nell'appartamento della regina Maria Adelaide, con i suoi saloni e corridoi, presenta un'ottima distribuzione interna per la dislocazione degli uffici e i relativi accessi ivi confluenti da diverse scale, correttamente distribuite nei relativi percorsi di ingresso differenziato per ufficiali, sottoufficiali o truppa; gli appartamenti reali hanno ricuperato le loro "uscite di sicurezza" tamponate nel tempo, permettendo di realizzare un percorso a unico senso di marcia, senza intralci per i visitatori.
La scelta operativa e funzionale di ubicare la nuova biglietteria nel piccolo edificio che una volta era adibito a posto di guardia, ubicato sulla piazza Baden Baden, ha permesso un accesso agli appartamenti reali più semplice, dando al visitatore la possibilità di ammirare il castello da una sua particolare prospettiva, che varia man mano che si avvicina al grande portone, appena restaurato, dell'ingresso principale.
Dopo la visita dell'appartamento della principessa Maria Letizia, si ha la possibilità di uscire nella grande piazza d'Armi o cortile d'onore e ammirare nella sua bellezza il grande quadrilatero racchiuso dalle severe facciate dei corpi di fabbrica settecenteschi realizzati in mattoni a vista, con al fondo del cortile l'ex fabbricato del galoppatoio e il grande muro di sostegno che delimita il soprastante terrapieno del parco e antiparco; poi, rientrando nell'atrio, attraverso il grande portone, si apre la prospettiva sulla città di Moncalieri, fornendo così al visitatore la possibilità di passare dai severi ambienti degli appartamenti reali a scorci panoramici di rara bellezza.

In alto, l'edificio biglietteria sito in piazza Baden Baden. Al centro, panoramica interna della "piazza d'armi" con la cavallerizza sul fondo. Sotto, vista dal piazzale antistante il castello

INDICE

La presente pubblicazione è stata autorizzata dal Ministero per i Beni e le Attività Culturali con nota 5989/U.S.A. del 27-4-1966. I proventi delle vendite del volume saranno destinati a finanziare interventi di restauro e valorizzazione delle Residenze Sabaude in base all'art. 4, comma 5 della legge 14-1-1993 n. 4.

Finito di stampare
per conto della CELID
da AGIT - Beinasco (TO)
nel mese di novembre 2003